CONSENSO E CONTRASSENSO

CB005334

André Lara Resende

CONSENSO E CONTRASSENSO

Por uma economia não dogmática

PORTFOLIO
PENGUIN

Copyright © 2020 by André Lara Resende

A Portfolio-Penguin é uma divisão da Editora Schwarcz s.a.

*Grafia atualizada segundo o Acordo Ortográfico da Língua
Portuguesa de 1990, que entrou em vigor no Brasil em 2009.*

PORTFOLIO and the pictorial representation of the javelin thrower are
trademarks of Penguin Group (USA) Inc. and are used under license.
PENGUIN is a trademark of Penguin Books Limited and is used under license.

CAPA Thiago Lacaz
PREPARAÇÃO Alexandre Boide
REVISÃO Angela das Neves e Fernando Nuno

Dados Internacionais de Catalogação na Publicação (CIP)
(Câmara Brasileira do Livro, SP, Brasil)

Resende, André Lara
    Consenso e contrassenso : Por uma economia não dogmática /
André Lara Resende. — 1ª ed. — São Paulo : Portfolio-Penguin, 2020.

    Bibliografia.
    ISBN 978-85-8285-100-5

    1. Crise econômica 2. Crise financeira 3. Economia – Brasil
4. Economia política 5. Economia monetária I. Título.

19-31825   CDD-330

Índice para catálogo sistemático:
1. Economia 330

Cibele Maria Dias – Bibliotecária – CRB-8/9427

[2020]
Todos os direitos desta edição reservados à
EDITORA SCHWARCZ S.A.
Rua Bandeira Paulista, 702, cj. 32
04532-002 — São Paulo — SP
Telefone: (11) 3707-3500
www.portfolio-penguin.com.br
atendimentoaoleitor@portfoliopenguin.com.br

SUMÁRIO

Introdução: Quarenta anos como economista 7

Parte I

1. A moeda, as ideias e a política 33
2. Consenso e contrassenso: Déficit, dívida
   e previdência 59
3. Uma armadilha conceitual 93
4. Razão e superstição 107
5. Liberalismo e dogmatismo 121
6. O Brasil e o conservadorismo vitoriano 127
7. O equívoco dos juros altos 137

Parte II

8. A moeda do futuro 159
9. A plataforma digital nacional 167
10. Economia, política e desalento 173
11. Corrupção e capital cívico 179
12. Insider por oito meses 189

Apêndices

A. A moeda indexada: Uma proposta
   para eliminar a inflação inercial 197

B. A moeda indexada: Nem mágica, nem panaceia   211

C. Inflação inercial e reforma monetária no Brasil, *com Persio Arida*   227

Notas   259

Referências bibliográficas   263

INTRODUÇÃO:
QUARENTA ANOS COMO ECONOMISTA

EM MEADOS DE 1979, ao terminar o doutorado no MIT, em Boston, retornei ao Brasil. Voltei para ser professor no Departamento de Economia da PUC do Rio de Janeiro. A economia brasileira enfrentava problemas — o período de rápido crescimento, o chamado "milagre econômico" do regime militar, chegava ao fim. Deixava um legado de inflação crônica e de dívida externa, agravado pela drástica alta do preço do petróleo, que exigia solução para que o país pudesse voltar a crescer. Quarenta anos depois, a inflação foi debelada, o país praticamente não tem dívida externa, mas depois de dois anos de séria recessão, em 2015 e 2016, a economia continua estagnada, sem perspectiva de voltar a crescer como seria necessário para nos aproximar das economias avançadas. Enquanto a renda da China é hoje dezoito vezes o que era há quarenta anos, a brasileira não chega ao dobro da renda de 1979. Nessas quatro décadas, o crescimento da economia foi inferior ao dos países desenvolvidos. A distância não se reduziu, pelo contrário,

7

aumentou. Acima de tudo, não conseguimos superar o fosso que separa o Brasil rico e moderno do Brasil onde impera a miséria e a desesperança. Não foi possível unificar o país numa única sociedade relativamente educada e homogênea. Sem inflação e sem dívida externa, o país está paralisado não pelas condições objetivas da economia, mas por uma armadilha ideológica imposta pelos cânones de uma teoria macroeconômica anacrônica.

Uma aposentadoria silenciosa

Durante toda a segunda metade do século xx, o Brasil conviveu com o problema da alta inflação. O caminho para se livrar da inflação crônica foi longo. As reformas modernizadoras, implementadas entre 1965 e 1968, introduziram a correção monetária, um sistema de indexação que pretendia estimular a poupança e viabilizar o mercado de capitais, ainda que a inflação não tivesse sido completamente debelada. Depois de uma década de rápido crescimento, a economia já dava sinais de desequilíbrio quando, em 1979, o segundo choque do petróleo tornou o ajuste imperativo. A aceleração da inflação e o desequilíbrio externo precisavam ser revertidos antes que a economia pudesse voltar a crescer.

Os anos 1970 testemunhariam uma contrarrevolução monetarista, que iria reverter o domínio das ideias de John M. Keynes na formulação de políticas macroeconômicas. A partir da Universidade de Chicago, sob a liderança política e intelectual de Milton Friedman, diante da alta da inflação também nos Estados Unidos, o ativismo das políticas monetária e fiscal começou a ser questionado. A receita para a estabilidade monetária e o controle da inflação era dada pela

INTRODUÇÃO: QUARENTA ANOS COMO ECONOMISTA

Teoria Quantitativa da Moeda, que prescrevia o controle da base monetária. A expansão da moeda não deveria superar o crescimento da renda. A possibilidade de crescer mais rápido, desde que houvesse a disposição a aceitar uma taxa de inflação um pouco mais alta, expressa na Curva de Phillips, sofreu sucessivas derrotas intelectuais. Primeiro, com a incorporação das expectativas baseadas na inflação passada. As chamadas expectativas adaptativas demonstraram que o preço de tentar crescer acima da taxa natural, dada pela tecnologia e pelos recursos disponíveis, não seria uma inflação mais alta, e sim a aceleração da inflação.

O golpe de misericórdia no ativismo keynesiano veio em seguida, já na segunda metade da década de 1970, com a vitória intelectual da hipótese das expectativas racionais. Formuladas com base no modelo subjacente à formulação das políticas macroeconômicas, estendiam a lógica da racionalidade microeconômica para a formulação das expectativas. Com expectativas "racionais", nem mesmo a aceleração da inflação seria capaz de reduzir o desemprego e promover o crescimento. Independentemente das políticas adotadas, a economia não se desviaria das taxas de equilíbrio. O emprego e o crescimento estariam sempre em torno de suas taxas "naturais". Tudo o que as políticas macroeconômicas conseguiriam, ao se afastar de uma regra de expansão da moeda e do equilíbrio fiscal, seria provocar inflação e desequilíbrio nas contas externas.

No início dos anos 1980, depois dos choques do petróleo, a inflação norte-americana dava sinais de que poderia sair de controle. A política de juros altos do Fed de Paul Volker conseguiu trazê-la de volta para taxas de um dígito. O sucesso da política monetária de Volker consolidou a tese de que a boa política macroeconômica era uma combinação de orçamento equilibrado com o uso da taxa de juros para moderar ou

9

estimular, conforme as circunstâncias, a demanda agregada. Enquanto nos países avançados a fórmula tinha sucesso, a inflação estava sob controle e a economia crescia, a realidade era outra nas economias dos países periféricos, como Brasil, Argentina, Israel e outros. Defrontavam-se com altíssimas taxas de inflação e grandes desequilíbrios nas contas externas. A receita tradicional — equilibrar as contas públicas e controlar a emissão de moeda — era insistentemente prescrita como a única maneira de controlar a inflação e estabilizar a economia.

À época ainda não estava claro que os bancos centrais não têm como controlar a base monetária. Só nos anos 1990, Charles Goodhart, Ben Bernanke e outros economistas com experiência prática de política monetária deixaram claro que os bancos centrais não têm como controlar a oferta de moeda, e que seu instrumento de política é a taxa de juros sobre as reservas bancárias. Até então, a teoria monetária ensinada no meio acadêmico pressupunha que a base monetária estivesse sob o controle do banco central. Estava decretada a aposentadoria silenciosa da Teoria Quantitativa da Moeda.

Teoria e prática

Antes de completar um ano de volta ao Brasil, por indicação de Claudio Haddad, meu professor no curso de mestrado da EPGE/FGV, que assumira a recém-criada diretoria de política monetária no Banco Central, fui substituí-lo como economista de um novo e ambicioso banco de investimentos. O Banco Garantia era um dos principais *dealers* do Banco Central para operações de dívida pública no mercado financeiro, no chamado open market. A decisão não foi fácil. Eu tinha terminado o doutorado no MIT, desconsiderado a sugestão de um de meus

INTRODUÇÃO: QUARENTA ANOS COMO ECONOMISTA

orientadores para ficar numa universidade americana e resolvido voltar. Juntei-me a um grupo de jovens brasileiros com doutorado no exterior, alguns dissidentes da EPGE/FGV, outros vindos da Universidade de Brasília, que se reuniram com o objetivo de transformar o departamento de economia da PUC do Rio numa escola de alto nível internacional. Meu interesse pela prática da política monetária e do mercado financeiro, associado à impressão de um entusiasmado dinamismo do ambiente no Banco Garantia, tornaram a proposta irresistível. Financeiramente, é bom deixar claro, meus novos chefes fizeram questão de que eu começasse sem nenhum aumento de renda. Por alguns anos, consegui conciliar o trabalho no mercado financeiro com o projeto acadêmico. Foi a observação de como atua um banco central moderno, a experiência prática de um mercado financeiro sofisticado, que confirmou minhas suspeitas de que o quantitativismo monetário estava equivocado. Não só o banco central não tem como controlar a base monetária, como tentar limitar o crescimento da base significativamente abaixo da taxa de inflação corrente, em especial numa economia com um sistema de indexação retroativa, baseada na inflação passada, é a receita certa para provocar uma crise bancária de grandes proporções.

Com colegas professores da PUC-Rio, ajudei a desenvolver a tese de que a inflação, sobretudo quando há mecanismos de indexação de preços e salários, tem um grande componente de inércia. Ainda que na ausência de novos focos de pressão, a inflação tende a se perpetuar. Choques de alta levam à sua aceleração, mas os choques deflacionários se fazem sentir primordialmente sobre o nível de atividade, com pouco efeito moderador da inflação. A tese da inflação inercial dava uma explicação para o repetido fracasso das tentativas de controlá-la com base na ortodoxia, a partir do receituário inspirado na Teoria Quantitativa da Moeda, mas não oferecia uma proposta alternativa.

Com a redemocratização e a eleição de Tancredo Neves, alguns economistas passaram a sugerir que se promovesse uma drástica contração monetária, um "choque ortodoxo", para vencer a inflação. A proposta era decorrência lógica do diagnóstico, amplamente aceito entre os monetaristas quantitativistas, de que nunca se havia de fato estancado a emissão excessiva de moeda. Até então, todo programa de estabilização havia seguido uma lógica gradualista, segundo eles, sempre interrompida por pressões políticas aos primeiros sinais de recessão. Francisco Lopes, um dos principais formuladores da tese da inflação inercial, propôs então uma alternativa baseada no congelamento de preços para quebrar a inércia da inflação. Em contraponto ao receituário quantitativista, chamou a sua proposta de um "choque heterodoxo".

A experiência prática no mercado financeiro me convencera de que, além das conhecidas dificuldades e distorções associadas ao controle de preços, a súbita reversão da inflação levaria a uma inadimplência generalizada e à desorganização da economia. A inflação estava embutida nos contratos financeiros, e a súbita interrupção da alta dos preços tornaria os termos dos contratos, feitos na expectativa de alta inflação, inexequíveis. Irving Fisher, na década de 1930, já havia chamado a atenção para o impacto recessivo do aumento do valor real dos passivos financeiros quando há deflação. A súbita e inesperada queda da inflação, frustrando expectativas consolidadas, tem efeito semelhante.

Em conversa com Bruno Lima Rocha, um ex-aluno da PUC que fora trabalhar no Banco Garantia, para tentar entender como seria possível evitar a inadimplência generalizada dos contratos financeiros caso a inflação fosse súbita e drastica-

INTRODUÇÃO: QUARENTA ANOS COMO ECONOMISTA

mente reduzida, ocorreu-nos a ideia de que a solução estaria na escrituração dos contratos em termos instantaneamente indexados. À época, a discussão teórica sobre indexação — assumindo sempre que a indexação fosse instantânea e não retroativa — levava a crer que a indexação não era um fator de inércia, mas, ao contrário, que facilitaria a estabilização monetária ortodoxa.[1]

Da indexação instantânea para a criação de uma moeda que fosse uma unidade de conta indexada à inflação corrente foi um passo. Numa unidade de conta virtual diariamente corrigida pela inflação corrente, o valor real dos contratos financeiros não seria mais afetado pelas variações inesperadas da inflação. Um verdadeiro ovo de colombo, que resolvia tanto o problema da inércia como o do aumento do valor real dos contratos financeiros, baseados numa expectativa de inflação alta, quando a inflação desaparece. A ideia de criar uma moeda indexada, paralela à moeda na qual há inflação, durante um período de transição, quando a superioridade de uma referência estável de valor ficaria evidente e levaria à adoção generalizada da nova moeda, sem necessidade de imposição legal, pareceu-me resolver todos os desafios da inflação crônica. Na moeda indexada não haveria inflação, nem inércia, nem os problemas associados à súbita interrupção do processo inflacionário. Todas as questões levantadas tinham resposta simples e natural.

O primeiro artigo, "A moeda indexada: Uma proposta para eliminar a inflação inercial", saiu como texto para discussão do Departamento de Economia da PUC-Rio no final de 1984. Pela mão de Celso Pinto, foi publicado na *Gazeta Mercantil* e mais tarde, no início de 1985, na *Revista de Economia Política*. A proposta provocou interesse e muita discussão. Mário Henrique Simonsen elogiou de público, mas a ideia recebeu

CONSENSO E CONTRASSENSO

sobretudo severas críticas, para minha surpresa, não apenas dos economistas identificados como o monetarismo quantitativista, mas também de meus colegas da PUC-Rio. Por iniciativa de Simonsen, que se propôs a estar na mesa como debatedor, fui apresentar a proposta num auditório lotado na Associação Brasileira de Imprensa, no centro do Rio. Para a ocasião escrevi um segundo artigo, "A moeda indexada: Nem mágica, nem panaceia", originalmente divulgado também como texto para discussão do Departamento de Economia da PUC-Rio. Esse segundo artigo é essencialmente uma resposta aos críticos, ao monetarismo quantitativista e ao reformismo estruturalista, que à época já defendiam suas reformas prediletas como condição para a estabilização dos preços. Assim como hoje o fundamentalismo fiscalista propõe um tratamento de choque e exige reformas estruturais que garantam o equilíbrio das contas públicas como condição para a recuperação da economia, à época seu apelo era para reformas estruturais profundas. Os dois artigos originais estão nos Apêndices deste volume, pois merecem ser relidos à luz da crise que se abateu sobre a teoria monetária e a macroeconomia, o tema da primeira parte deste livro.

A proposta continuou a provocar interesse tanto no Brasil como no exterior. Fui convidado por John Williamson, que tinha sido professor da PUC-Rio, para apresentá-la no Institute of International Economics, hoje Peterson Institute, em Washington. Williamson sugeriu que eu me associasse a Persio Arida, que havia proposto uma indexação completa da economia e estava no Woodrow Wilson Centre, também na capital norte-americana, para apresentação de nossas ideias sobre o tema. Em um dia e uma noite escrevemos o artigo "Inertial Inflation and Monetary Reform in Brazil" [Inflação inercial e reforma monetária no Brasil]. No dia seguinte, apresentamos

14

INTRODUÇÃO: QUARENTA ANOS COMO ECONOMISTA

a proposta para uma plateia seleta de economistas, entre os quais estavam nossos ex-professores do MIT, Stanley Fischer, Rudiger Dornbusch e Franco Modigliani, além de Phillips Cagan, da Universidade de Chicago, autor de um artigo clássico sobre hiperinflações, de 1956. Nossa apresentação ficou conhecida como a proposta Larida. O nome foi cunhado por Rudi Dornbusch, que, apesar da relação pessoal conosco, foi ácido crítico em relação à ideia desde a primeira hora.

O texto da proposta Larida, originalmente escrito em inglês, também pode ser encontrado nos Apêndices deste volume. Relido hoje, 35 anos depois, fica claro que a experiência da inflação crônica brasileira já nos havia ensinado que alguns dos cânones da ortodoxia, só muito recentemente questionados, estavam equivocados. O ajuste fiscal, a contração do crédito e a alta da taxa de juros não têm quase nenhum efeito moderador sobre a inflação, mas são inequivocamente recessivos. Da mesma forma, ainda que a economia se recupere e haja uma significativa redução do desemprego e da capacidade ociosa, na ausência de novos choques, a inflação tende a ficar estável.

A experiência recente, após a grande crise financeira de 2008, veio a confirmar que a inércia da inflação não é apenas para baixo, mas também para cima. Já questionávamos a política de taxa de juros básica excessivamente alta, por não ter efeito moderador sobre a inflação, agravar o desequilíbrio das contas públicas e inviabilizar o investimento privado. Observavamos que o ajuste fiscal e monetário tinha sido incapaz de moderar a inflação brasileira, que se manteve acima de 200% ao ano. O déficit fiscal, que chegou a 8% do PIB em 1982, foi reduzido para 3,5% em 1983 e quase eliminado em 1984, mas, diante da irredutibilidade da inflação, os defensores da ortodoxia passaram a negar que o ajuste houvesse sido feito. A facilidade com que os economistas sempre se dispuseram a negar as evidências para preservar a tese é um triste atestado de que, ao contrário do que pretendem, são mais ideólogos do que cientistas.

Já no fim do artigo, na seção "Uma âncora para o CN", discutimos a necessidade de uma âncora para garantir a estabilidade da nova moeda. Descartamos que a base monetária pudesse servir de âncora para as expectativas. Ainda não tínhamos plena consciência de que os bancos centrais não têm controle sobre a base, mas sabíamos que a demanda por base monetária é inversamente correlacionada com a inflação e muito instável, portanto não poderia servir de âncora. Examinamos os prós e os contras de adotar a taxa de câmbio para balizar os preços, mas demonstramos uma preferência pela taxa de juros externa, o que chamamos de uma âncora wickselliana. Ainda não estávamos conscientes de que nada na economia garante objetivamente a estabilidade do nível de preços, de que a inflação na prática é uma questão de formação de expectativas e portanto um fenômeno de psicologia coletiva, mas já havíamos percebido que alguns preços, como a taxa de câmbio e a taxa básica de juros, são importantes sinalizadores para a coordenação das expectativas.

Da moeda indexada ao real

A proposta continuou a provocar polêmica e nos catapultou para a vida pública. Mário Henrique Simonsen indicou-me para o Banco Central, mas Tancredo Neves optou por um time de economistas estritamente ortodoxo que, com a morte prematura do presidente eleito, foi substituído quando José Sarney assumiu a Presidência da República. A convite de Fernão Bracher, fui então para o Banco Central, para a Diretoria de

INTRODUÇÃO: QUARENTA ANOS COMO ECONOMISTA

Dívida Pública e Mercado Aberto, hoje Diretoria de Política Monetária. Persio Arida estava no Ministério do Planejamento, com João Sayad.

Apesar de nossos esforços, a moeda indexada não emplacou no Plano Cruzado. Saulo Ramos, o ministro consultor para assuntos jurídicos do presidente Sarney, considerou que a convivência de duas moedas seria inconstitucional. O programa do Plano Cruzado, em essência um congelamento de preços associado a uma tablita deflacionária dos contratos financeiros, estava mais próximo do "choque heterodoxo" que da moeda indexada. Apesar do estrondoso fracasso, o breve período de alguns meses em que o congelamento com tablita financeira teve sucesso para estabilizar os preços deixou marcas profundas no imaginário político do país. Sucessivos programas de estabilização, sempre com um novo congelamento e uma nova moeda, cada vez mais agressivos e autoritários, seguiram o mesmo roteiro até chegar ao paroxismo do congelamento com bloqueio dos ativos financeiros do Plano Collor.

De volta ao mercado financeiro, de uma forma ou de outra, fui obrigado a acompanhar e a discutir, muitas vezes com os próprios autores, economistas e políticos, as razões por que sempre acreditei que não teriam sucesso. Participei, com Mário Henrique Simonsen, de longos encontros com Fernando Collor — àquela altura presidente eleito, mas ainda não empossado — numa casa de Brasília, para discutir as bases de um programa de estabilização. Um apêndice supurado me impediu de encontrá-lo em Roma. Collor optou por montar sua equipe em torno de Zélia Cardoso de Mello. Dias após a divulgação do chamado Plano Collor, com o país ainda em estado de choque, fomos a Brasília, Persio e eu, convocados por Ibrahim Eris, o principal idealizador do plano econômico. Discutimos por horas, caminhando à noite pelas ruelas da

Academia de Tênis, a lógica, os riscos e as chances de sucesso do programa de estabilização mais agressivo de que se tem notícia. Parecia-nos fadado a ser mais um estrondoso fracasso. Persio e eu chegamos a escrever um artigo acadêmico, nunca publicado, sobre a lógica do Plano Collor, seus efeitos recessivos e a inevitabilidade da volta da inflação.

A queda de Collor levou Fernando Henrique Cardoso ao gabinete ministerial de Itamar Franco, primeiro no Itamaraty, depois na Fazenda. Não pude aceitar fazer parte da equipe inicial de Fernando Henrique na Fazenda, mas algumas semanas depois, num jantar social em São Paulo, marcamos um encontro para o dia seguinte. Na minha casa, num sábado à tarde, acertamos que eu coordenaria o desenho das linhas mestras de um programa de estabilização. Sugeri que Pedro Malan, à época negociador da dívida externa do Brasil em Washington, fosse meu interlocutor. No dia marcado para apresentarmos as primeiras ideias a Fernando Henrique, a crise do cheque especial derrubou o presidente do Banco Central. Combinamos, Pedro Malan e eu, de chegarmos mais cedo, antes de FHC, para acertarmos os ponteiros. Malan abriu a conversa dizendo que eu deveria estar preparado para aceitar ir para o Banco Central. Retruquei que ele era o melhor candidato, e eu, o melhor argumentador.

Tentamos, sem sucesso, convencer FHC a aceitar um terceiro nome. Pedro Malan propôs então que eu aceitasse o Banco Central até que ele terminasse o já adiantado acordo de renegociação da dívida externa. Argumentei que um presidente do Banco Central com mandato de apenas alguns meses era tudo de que não se precisava naquele momento. Terminamos a noite comigo substituindo Malan como negociador da dívida e ele presidente do Banco Central. Sugeri Francisco Pinto para a diretoria do Banco Central e Persio Arida foi para o BNDES.

INTRODUÇÃO: QUARENTA ANOS COMO ECONOMISTA

Com Edmar Bacha, Winston Fritsch e Gustavo Franco, que já se encontravam na Fazenda, estava montada a equipe responsável pela formulação do Plano Real.

Com a criação da Unidade Real de Valor, a URV, uma unidade de conta corrigida pela inflação corrente, a moeda indexada foi enfim posta em prática, dez anos depois da publicação da proposta original. Alvo de críticas pesadas na academia quando formulada, politicamente combatida à direita e à esquerda quando criada, o papel da moeda indexada, de uma unidade de valor estável, na coordenação das expectativas e na estabilização da inflação é até hoje mal compreendido, porque ainda não ficou claro que a propriedade essencial da moeda é a de ser a unidade contábil da economia. Todas as suas demais propriedades, como as de servir de meio de troca e de reserva de valor, enfatizadas nos livros-textos, são subordinadas à de servir de unidade de conta. Como é essencialmente a unidade de conta da economia, assim como a URV, a moeda não precisa ter valor intrínseco nem existência física.

Não participei da implementação do Plano Real. Concluído o acordo da dívida externa e o roteiro até o lançamento da nova moeda, conforme o combinado, deixei o governo. Voltei alguns anos mais tarde, no último ano do primeiro governo FHC, para coordenar as reformas institucionais. A primeira delas seria a da Previdência, aquela que me parecia ser a mais urgente. Terminado o trabalho de um grupo de especialistas, ficou claro que as resistências de toda ordem inviabilizariam que a proposta fosse à frente. Com a morte prematura de Sergio Motta, ministro das Telecomunicações, responsável pela privatização da Telebrás, substituí Luiz Carlos Mendonça de Barros, que foi para o Ministério, no BNDES. Interesses escusos e até hoje mal compreendidos insinuaram, a partir de gravações de conversas telefônicas, sobretudo entre mim e Mendonça de Barros,

19

que estaríamos manobrando para favorecer um dos grupos interessados no leilão das teles. Deixamos o governo, fomos inocentados de todas as acusações, o que nunca mereceu a atenção da mídia, mas só alguns anos depois me dei conta do trauma psicológico que um processo como esse pode provocar. Desinteressei-me da economia e passei a afirmar, com toda a sinceridade, que me considerava um ex-economista.

Um divisor de águas

Foi a grande crise financeira de 2008 que fez renascer o meu interesse pela economia. Justamente quando os macroeconomistas se vangloriavam de ter aprendido a evitar os ciclos econômicos, a garantir a expansão permanente da economia, fenômeno ao qual chamaram de "a grande moderação", explodiu uma crise financeira que ameaça levar ao colapso a economia mundial. Aos primeiros sinais de queda dos preços no mercado imobiliário, a reversão do otimismo dos mercados provocou uma súbita contração do crédito. O crédito privado, portanto a moeda emitida pelo sistema financeiro, não está sujeito à mesma restrição da moeda pública lastreada na prata e no ouro. Expande-se automaticamente com o otimismo e os negócios, mas está sujeito a uma brusca reversão quando o otimismo desaparece.

Como veremos a seguir, com a criação de um sistema bancário privado, autorizado a emitir moeda com base num regime de reservas fracionárias, o problema da iliquidez crônica das economias medievais foi resolvido, mas um novo surgiu: as recorrentes corridas bancárias em momentos de crise. Quando a confiança na moeda emitida pelo sistema financeiro desaparece, há uma corrida para a moeda pública. Desde a criação do

INTRODUÇÃO: QUARENTA ANOS COMO ECONOMISTA

sistema financeiro privado, no final do século XVII na Inglaterra, as corridas bancárias foram um problema recorrente. Para evitar o colapso da economia, suspende-se a conversibilidade da moeda, como aconteceu na Inglaterra por dois longos períodos durante o século XIX, abre-se mão do padrão-ouro, como no entreguerras da primeira metade do século XX, abdica-se do dogmatismo quantitativista e emite-se moeda primária em proporções nunca vistas, como na experiência do Quantitative Easing (QE), depois da grande crise financeira da primeira década do século XXI.

Quando há crises sérias, seja pela necessidade de mobilização militar em caso de guerra, seja para evitar o colapso do sistema financeiro quando há perda de confiança e súbita reversão do crédito privado, a restrição sobre a expansão da base monetária é sempre levantada. Desde o século XVII, quando o sistema financeiro passou a emitir certificados de depósitos que circulavam como moeda, a restrição à emissão de base monetária — ou seja, de moeda primária emitida pelo Estado — foi sempre levantada diante de um motivo de força maior. Fica assim claro que a restrição sobre a emissão primária é puramente administrativa. Trata-se de uma medida baseada numa decisão política de estabelecer limites para os gastos públicos. Assim como não há nada que exija que a moeda tenha lastro metálico, também nada exige que a base monetária deva estar limitada pela expansão da renda nominal, como pretendeu durante décadas a Teoria Quantitativa da Moeda.

A moeda é uma unidade de conta estabelecida pelo poder público, para contabilizar débitos e créditos do Estado, que passa a ser utilizada por toda a sociedade. Como as experiências inflacionárias demonstram, essa unidade de conta oficial pode sofrer variações em termos reais — ou seja, seu poder aquisitivo pode variar, aumentando nas deflações e reduzindo-se nas inflações. Nos dois casos, a instabilidade do poder aquisitivo da unidade de conta pode desorganizar profundamente a economia. As deflações, mesmo moderadas, são recessivas, pois tendem a inviabilizar os investimentos que dependem do crédito. Já a inflação moderada, de um dígito ao ano, se estabilizada e previsível, porque incorporada nos contratos, não provoca grandes distúrbios. O risco de ser condescendente com pequenas taxas de inflação é que os choques inflacionários, como grandes desvalorizações cambiais, altas de preços de energia ou grandes aumentos de salários, por aumentar de forma temporária a inflação, podem desestabilizar as expectativas. Como se sabe hoje, as expectativas de inflação são muito mais estáveis do que se imaginava, mas, uma vez desestabilizadas, podem levar a uma rápida aceleração dos preços até a hiperinflação aberta. Essa é a razão por que hoje há um consenso de que é melhor manter taxas de inflação bem baixas, a menos de 4% ao ano, pois assim há margem de segurança tanto para evitar a deflação, na eventualidade de choques deflacionários, como para alguma alta transitória da inflação, no caso de choques inflacionários, sem que as expectativas se desancorem.

A grande crise financeira de 2008 foi um divisor de águas para a teoria monetária e para a macroeconomia. O experimento do afrouxamento quantitativo, o chamado QE, levado a cabo pelos bancos centrais das economias avançadas, foi uma emissão monetária primária sem precedentes para adquirir títulos de dívida, pública e privada, carregados pelo setor privado. A iniciativa partiu do Fed norte-americano e foi replicada pelo Banco da Inglaterra e pelo Banco Central Europeu, assim como os demais bancos centrais de todos os países onde a crise ameaçou o sistema financeiro. Em nenhuma das economias onde foi posta em prática, essa extraordinária

INTRODUÇÃO: QUARENTA ANOS COMO ECONOMISTA

emissão de base monetária provocou inflação. Pelo contrário, mais de dez anos depois, quase todas elas ainda estão procurando escapar da ameaça da deflação. Apesar de taxas de juros básicas nulas ou até mesmo negativas, a inflação continua renitentemente baixa. Não poderia haver evidência mais acachapante de que a emissão de base monetária não está sempre associada à inflação.

O adágio de que "a inflação é sempre e em toda parte um fenômeno monetário", repetido à exaustão nos livros teóricos do século passado, não procede. Só é verdade como uma definição trivial de que a inflação é a erosão do poder de compra da unidade de conta da economia, mas não pode ser entendido como uma relação de causalidade entre a emissão de moeda e a inflação. Como sustento nos textos da primeira parte deste livro, o excesso de emissão monetária, primária ou secundária, pode levar ao aquecimento excessivo da economia, pressionar a capacidade instalada e o mercado de trabalho. Desvalorizações cambiais, altas de salários e preços decorrentes de uma economia superaquecida podem desancorar as expectativas e levar a uma aceleração da inflação, mas não há nenhuma relação direta e estável entre a emissão de base monetária e a inflação.

Novas controvérsias

Em 2015 fui ser professor visitante da Universidade Columbia, em Nova York. Meu objetivo era escrever sobre os insucessos e os sucessos das tentativas de estabilizar a inflação brasileira desde a segunda metade dos anos 1940. A partir da polêmica entre Eugênio Gudin e Roberto Simonsen, conhecida como "a controvérsia do planejamento", me propunha a reconstituir o percurso da teoria e da prática do combate à inflação no

Brasil até o Plano Real. Procurei me atualizar sobre a teoria macroeconômica. As duas décadas fora da universidade, sem leitura sistemática de artigos acadêmicos, tinham me deixado com lacunas em relação à evolução da teoria monetária. Em particular, eu queria nder como a Teoria Quantitativa da Moeda foi conceitualmente aposentada, compreender os caminhos percorridos pela teoria até a substituição do controle da base monetária pelas metas para a inflação e uma regra para a taxa básica de juros.

Para minha surpresa, nem sequer o texto de referência da macroeconomia avançada do século XXI, o livro *Interest and Prices* [Juro e preços], de Michael Woodford, se preocupava em ter uma explicação coerente sobre o abandono da teoria que praticamente monopolizou a ensino de economia até a última década do século XX. Os bancos centrais não controlam mesmo a base monetária, e a demanda agregada responde à taxa básica de juros. A expansão da moeda não vem ao caso, o banco central deve ter credibilidade ao anunciar metas para a inflação e é preciso evitar trajetórias explosivas do endividamento público. Essa é a síntese da macroeconomia deste início de século.

Desde a crise financeira de 2008, na tentativa de evitar a deflação, ainda que tendo promovido uma emissão primária de moeda em proporções nunca vistas, os bancos centrais dos países avançados se defrontaram com o limite inferior para as taxas básicas de juros — o *lower bound*, dado pela taxa de juros nula quando ainda há moeda papel em circulação. De acordo com a teoria em vigor, ao bater no limite inferior da taxa de juros nula, sem possibilidade de continuar a seguir a Regra de Taylor, que obriga a continuar a reduzir os juros enquanto houver capacidade ociosa e desemprego, era de se esperar que a inflação continuasse a cair em direção à deflação. Não foi o que ocorreu. Quando a taxa básica se estabilizou, a inflação também parou de cair.

A possibilidade de que a taxa básica fixada pelo banco central possa estar positivamente correlacionada com a inflação, ao contrário do que pretende a teoria estabelecida, foi levantada por John Cochrane. Sugeri que essa conjectura, que Cochrane chamou de "hipótese neofisheriana", poderia explicar o fenômeno da combinação de juros extraordinariamente altos e a renitente inflação brasileira desde o Plano Real. Mesmo com a economia em séria recessão, com alto desemprego e capacidade ociosa, como ocorre desde 2015, a inflação não cedeu como seria de se esperar. Assim, a altíssima taxa básica de juros mantida pelo Banco Central desde a década de 1990 teria não apenas contribuído para a piora das contas públicas elevando o serviço da dívida, mas também para impedir a queda da inflação. A taxa básica de juros seria um sinalizador importante para a formação das expectativas. Se o Banco Central, que em tese é quem melhor está capacitado para fazer estimativas da inflação, fixa uma taxa de juros muito elevada, o entendimento é que a instituição espera que a inflação seja muito alta.

No livro *Juros, moeda e ortodoxia*, de 2017, levantei a hipótese de que a conjectura neofisheriana pudesse explicar o paradoxo das altas taxas de juros brasileiras. Embora recebida com grande ceticismo, para dizer o mínimo, pelos meus colegas macroeconomistas quando apresentada em seminário da Casa das Garças (IEPE/CdG), no Rio de Janeiro, o fato é que, quando o Banco Central finalmente resolveu baixar a taxa básica, apesar de o déficit fiscal primário continuar o mais elevado dos últimos anos, a inflação por fim cedeu. A tese aceita é a de que o Banco Central pôde baixar os juros *porque* a inflação cedeu. Correlação não implica causalidade. Nada mais difícil do que inferir causalidade dos dados, mas a recente experiência brasileira parece dar sustentação à hipótese neofisheriana. A hipótese não pode ser preliminarmente descartada, como tem sido até agora, e merece estudo mais cuidadoso.

A política monetária é fiscal

Os textos reunidos na primeira parte deste livro voltam a questionar a macroeconomia convencionalmente aceita e sugerem que a condução das políticas monetária e fiscal esteve equivocada desde o Plano Real. As políticas fiscal e monetária não são independentes, como durante muitos anos pretendeu a teoria e até hoje pressupõe a prática. A política monetária, mais do que nunca, é também uma questão fiscal. A interdependência das políticas monetária e fiscal já havia sido demonstrada no artigo clássico de Thomas J. Sargent e Neil Wallace, "Some Unpleasant Monetarist Arithmetic" [Uma aritmética monetarista desagradável], de 1981, mas nunca foi incorporada à prática das políticas macroeconômicas. Àquela altura ainda se supunha que os bancos centrais pudessem controlar moeda. Quando se reconhece que a variável instrumental da política monetária não é a base monetária, mas sim a taxa de juros, fica evidente que há uma relação direta entre a política monetária e o custo da dívida pública. A política monetária afeta de forma direta o custo da dívida; está, portanto, umbilicalmente ligada à política fiscal.

A prática continuou a tratar a política monetária como dissociada da política fiscal. Convencionou-se que para melhor conduzir a política monetária, sem interferências espúrias, os bancos centrais deveriam ser independentes e ter autonomia para fixar a taxa de juros, cujo impacto fiscal através do custo da dívida é um dos mais importantes determinantes das despe-

INTRODUÇÃO: QUARENTA ANOS COMO ECONOMISTA

sas do governo. A relevância da taxa de juros sobre o custo da dívida pública é razão suficiente para que a política do banco central seja coordenada com o orçamento fiscal, mas, quando os bancos centrais passam a emitir em proporções nunca vistas para comprar títulos das carteiras das instituições financeiras, como fizeram com o QE, fica claro que o componente fiscal de sua ação ofusca o orçamento governamental. Com o QE, foi dado aos bancos centrais um mandato para emitir e gastar, para fazer política fiscal, extraorçamento, por fora das instâncias até então estabelecidas nas democracias representativas. Ao implementar o QE, os bancos centrais evitaram uma crise que poderia arrastar as economias avançadas para uma depressão de grandes proporções, mas fizeram e continuam a fazer um misto de política monetária e fiscal que não é bem compreendido pelo grande público.

O advento do QE salvou as economias avançadas, implodiu a teoria monetária convencional e levantou sérias questões políticas. Se os bancos centrais podem emitir e gastar em proporções nunca vistas para evitar o colapso do sistema financeiro sem provocar inflação, por que não é possível também emitir e gastar para outras causas igualmente justificáveis, como o investimento em saneamento, saúde, educação e segurança? A resposta de que só é possível emitir e gastar quando há recessão, quando não existe o risco de o gasto público pressionar a capacidade instalada, não nos desobriga de responder por que se pode emitir para comprar títulos de dívida do sistema financeiro, como continua a fazer até hoje o Banco Central Europeu, e não para financiar investimentos públicos necessários, de grande impacto sobre a produtividade da economia e o bem-estar da população. A pergunta que tem sido feita pela esquerda na Europa e nos Estados Unidos, com um toque de populismo demagógico por pressupor que o QE salvou apenas o sistema financeiro e não toda a economia, faz sentido e precisa ter uma resposta despida de paixão política e ideológica. A chamada Moderna Teoria Monetária, mais conhecida pela sigla em inglês MMT, que até muito recentemente não conseguia se fazer ouvir pelos círculos da elite da academia norte-americana, tem uma resposta clara para essa pergunta: sim, é possível emitir para financiar outros tipos de gastos, inclusive sociais, como a garantia de emprego, sem provocar inflação. A MMT retoma a tradição intelectual dos nominalistas, em contraponto aos metalistas, na história da teoria monetária. Defendem que a moeda é uma unidade de conta estabelecida pelo poder central, que passa a ser utilizada pela sociedade nas suas relações econômicas. Um Estado que emite a sua moeda fiduciária não está sujeito a nenhuma restrição financeira, pois ao gastar sempre e inevitavelmente emite. A única limitação à qual os gastos públicos devem estar submetidos, além da obrigatória avaliação de custos e benefícios, é a da capacidade de oferta da economia, que, se desrespeitada, pode provocar desequilíbrio nas contas externas e inflação. A exigência de que o Estado emissor da sua moeda equilibre receitas e despesas é uma restrição administrativa, uma decisão política, não econômica. É uma restrição política para evitar que o governo, como tantas vezes ocorreu ao longo da história, gaste de forma perdulária e improdutiva. Uma restrição que foi sempre suspensa em condições críticas, como em casos de guerras e de grandes crises financeiras.

A afirmação de que a restrição financeira do Estado é uma decisão política e não econômica causa perplexidade porque contradiz o senso comum de que todos, indivíduos, famílias e empresas, devem equilibrar suas contas e evitar o endividamento excessivo. Contradiz também a teoria monetária estabelecida, concebida a partir da moeda com lastro metálico e transposta de maneira equivocada para o universo da moeda exclusivamente fiduciária. O texto que abre a primeira parte deste livro, ao reconstituir a história da moeda na Inglaterra, deixa claro que a tese da MMT não é nova — pelo contrário, tem longa tradição na história da teoria monetária. Foi curiosamente abandonada e quase esquecida durante todo o século passado, bem no momento em que se tornou mais relevante, com o fim do padrão-ouro e o advento da moeda fiduciária.

Repensar

No ensaio sobre a controvérsia entre Eugênio Gudin e Roberto Simonsen, em *Juros, moeda e ortodoxia*, sustento que em retrospecto o liberalismo brasileiro, que tem Gudin como patrono, estava certo sobre os riscos associados ao capitalismo corporativista, ao intervencionismo burocrático, ao Estado empresário e à economia fechada à competição externa. Perderam, contudo, a batalha pelos corações e as mentes ao subscrever o monetarismo quantitativista dominante nos círculos acadêmicos e políticos da época. Sempre que estiveram no comando da economia, ao tentar controlar a inflação, acabaram por provocar crises bancárias e recessões. A exceção foi o primeiro governo militar, que, com a contribuição intelectual original de Mário Henrique Simonsen sobre a dinâmica dos salários em regimes de alta inflação, foi capaz de transcender a ortodoxia monetarista e estabilizar a inflação.

Depois de uma década de governos do PT, que levaram ao paroxismo o inchaço do Estado, associado a uma política de investimentos cujo único norte parece ter sido a corrupção institucionalizada, o país volta a ter liberais no controle da economia. Liberais em economia, porém num governo profundamente iliberal, e que mais uma vez adotam um dogmatismo equivocado. Desta vez, quem dá o tom não é o quantitativismo monetário, definitivamente aposentado, mas a obsessão pelo equilíbrio fiscal. O dogmatismo fiscal que propõe um orçamento equilibrado, em todas as circunstâncias e a qualquer custo, é um profundo equívoco. A política monetária já se demonstrou incapaz de sustentar por si só o crescimento nas economias avançadas. Com taxas de juros próximas de zero, ou mesmo negativas, o uso da política fiscal para reanimar a economia, o velho receituário keynesiano, se torna, mais do que justificado, imperativo.

Infelizmente, depois do descalabro dos gastos públicos dos anos de governos do PT, o país parece sofrer de estresse pós-traumático. É incapaz de avaliar com isenção e racionalidade os argumentos a favor de um programa de investimentos públicos com o objetivo de aumentar a produtividade e o bem-estar. A profunda crise por que passa a teoria macroeconômica solapa as bases dos cânones estabelecidos para a avaliação das políticas monetária e fiscal. Convidados a rever suas posições, a maioria dos economistas liberais brasileiros parece preferir as trincheiras dos velhos dogmas. Os textos aqui reunidos são mais uma tentativa de repensar.

PARTE I

1
A moeda, as ideias e a política

TANTO A MOEDA COMO A TEORIA monetária modernas têm suas raízes na Inglaterra, o berço da Revolução Industrial e do capitalismo contemporâneo. No final do século XVII, o governo inglês interrompeu uma longa tradição e deixou de cobrar para cunhar moedas. Esse momento, quando o governo torna a oferta de moeda um serviço público, pode ser entendido como o ponto de partida para o sistema monetário fiduciário contemporâneo. A visão ainda hoje dominante, aquela que inspira toda a teoria monetária convencional, é a de que a moeda é uma geração espontânea dos mercados, fruto da necessidade de encontrar uma mercadoria perene, de aceitação generalizada, que dispense a dupla coincidência de desejos e sirva como referência de valor. No entanto, há cada vez mais evidência de que é a decisão da autoridade instituída, de aceitar receber contribuições e impostos numa determinada unidade de conta, que lhe dá essa aceitação generalizada. A moeda, longe de ser uma criação espontânea do mercado, é uma referência institucional. É a unidade de valor utilizada pelo poder, para registrar seus débitos e créditos, adotada pela comunidade. A existência da moeda, de uma unidade de conta universalmente aceita, permite a transferência de valores no tempo e no espaço e a reorganização da economia. É a moeda que viabiliza a superação da economia de subsistência. Não é o comércio que cria a moeda, mas a moeda que viabiliza o comércio.

A moeda como um serviço público

As moedas romanas circularam na Inglaterra, assim como em todo o Império Romano, até o final do século VI. Com a retirada dos romanos, a estrutura administrativa e militar da Grã-Bretanha foi desmontada, e a economia inglesa se desmonetizou. Do início do século V até o fim do século VII não havia praticamente moeda em circulação na Inglaterra.[1] A maioria das moedas romanas saiu de circulação. Desgastadas ou entesouradas, as remanescentes continuaram a circular esparsamente, e os mercados colapsaram. O impacto da iliquidez monetária sobre as condições materiais e a produção cultural foi dramático. A crer na moeda como uma criação da necessidade dos mercados, essas seriam as condições ideais para o surgimento espontâneo de uma moeda local, mas não foi o que ocorreu. Sem uma autoridade central, capaz de estabelecer a unidade de conta para registro de transações, o comércio declinou, toda a demanda desapareceu e não há evidência de atividades mercantis até o fim do século VII. Segundo Chris Wickham, "toda forma de trocas, além das mais rudimentares, deve ter cessado".[2]

De acordo com estudos arqueológicos, a reorganização política nas terras anglo-saônicas teve início no final do século VI. No começo do século VIII, com a reconstrução do poder político e a consolidação de pequenos reinados hierarquicamente mais organizados, as unidades de conta para as obrigações pecuniárias foram reintroduzidas, e o comércio voltou a florescer. A partir do século XI, a moeda começa a ser regulamentada e a se institucionalizar tanto na Inglaterra como no continente europeu. Os governos então se dão conta de que era preciso introduzir um meio mais eficiente de coletar impostos e transferir recursos. O mais antigo relatório do Tesouro inglês ainda existente, do final do século XII, afirma:

A moeda é necessária, não unicamente em tempos de guerra, mas também em tempos de paz. Porque, no primeiro caso, as receitas são gastas com a fortificação das cidades, o pagamento dos salários dos soldados. Quando as hostilidades cessam, as armas de guerra são postas de lado, as igrejas são construídas por príncipes devotos, o Cristo é vestido e alimentado na pessoa dos pobres e o Mamon deste mundo é distribuído através de outros atos de caridade.[3]

Apesar do interesse do poder central na instituição da moeda, durante muitos anos os governos cobraram pela sua cunhagem. Estabelecido o conteúdo de prata ou ouro de cada moeda, qualquer pessoa poderia levar o metal para uma casa autorizada e, mediante um desconto do metal aportado, sair com as moedas de curso legal oficialmente cunhadas. O desconto, conhecido como senhoriagem, deveria cobrir o custo da cunhagem e remunerar o governo pelo serviço prestado. Até hoje, quando a moeda é exclusivamente fiduciária, chama-se de senhoriagem o ganho do governo com sua emissão, sobre a qual não incidem juros. O público estava disposto a pagar a senhoriagem, o custo da cunhagem mais um tributo, que podia chegar a até 5% do valor metálico cunhado, porque a homogeneização e a regulamentação da moeda era um serviço altamente valorizado. A iliquidez crônica da economia medieval europeia fez com que as moedas circulassem quase sempre com um prêmio sobre o seu valor metálico. Quando esse prêmio ficava muito acima do custo de senhoriagem, mais metal era levado para ser cunhado. Depois do século XVI, quando a falta de liquidez já havia sido atenuada, nos raros momentos em que a alta dos preços da prata e do ouro tornava o valor de face da moeda inferior ao seu valor metálico, as peças eram derretidas, criando assim um mecanismo endógeno de expansão e de contração do estoque de moeda física.

A moeda metálica medieval sempre esteve sujeita ao problema da perda de conteúdo metálico, seja pela raspagem desonesta seja pelo desgaste com o uso, o que obrigava as autoridades a tirá-las de circulação e substituí-las por novas, de acordo com as normas estabelecidas para o curso legal. Os custos da renovação monetária recaíam majoritariamente sobre os detentores das moedas antigas. O prêmio sobre o seu conteúdo metálico, o custo de cunhagem, assim como os das reformas monetárias, todos arcados em sua maior parte pelo público, é evidência do alto valor do serviço prestado pela moeda. A aceitação universal garantida pelo curso legal, pelo fato de ser aceita para quitar dívidas fiscais e todo tipo de encargos oficiais, é um serviço público pelo qual a sociedade sempre esteve disposta a pagar. A referência de valor e a liquidez da moeda é vital para o funcionamento e a expansão dos mercados. Os governantes podiam cobrar pela moeda, que beneficiava tanto o próprio governo como o público, porque a iliquidez sempre foi uma dolorosa restrição ao comércio e a toda atividade econômica.

A primeira moeda fiduciária inglesa

Na segunda metade do século xiv, o governo medieval inglês criou uma novidade monetária que aliviou a iliquidez da economia e antecipou em mais de seis séculos a moeda contemporânea. Os chamados *tallies* eram registros, em tiras de madeira esculpida, de créditos contra o governo. Inicialmente emitidos como recibos de antecipação de receitas tributárias, eram títulos de dívida pública lastreados em receitas tributárias específicas. Como eram transferíveis ao portador e não tinham prazo de resgate, passaram a circular na economia inglesa da Idade Média, sempre estrangulada pela insuficiência de moedas metálicas. Como a menor unidade da moeda metálica, o *penny* de prata, ainda era um valor alto — mais do que a remuneração semanal de um trabalhador do campo —, os menores valores de face dos *tallies* cumpriram um papel importante na liquidez do varejo. Atendiam ao mesmo tempo à necessidade do governo de levantar recursos e à demanda da economia por liquidez. Eram títulos de dívida pública ao portador, um iou do governo, sem resgate definido e que não pagavam juros, ou seja, moeda fiduciária lastreada nas receitas tributárias futuras.

Como sustenta Christine Desan, a história das ideias conspirou para que os *tallies* fossem praticamente esquecidos.[4] Apesar de terem perdurado por mais de três séculos, até o final do século xvi, apenas alguns historiadores, ainda no século xvii, registraram e comentaram a experiência precursora.[5] Os autores clássicos não compreenderam que os curiosos tabletes de madeira, que circulavam como registro de dívida pública, funcionassem na prática como moeda. Ao optar pela tese de que a moeda é uma mercadoria espontaneamente definida pelo mercado, passaram batido pela experiência precursora da primeira moeda fiduciária inglesa.

CONSENSO E CONTRASSENSO

Como que para se certificar de seu completo esquecimento, em 1834 o Parlamento ordenou que o estoque de antigos *tallies* do Tesouro fosse queimado. A fogueira de *tallies* centenários, no subsolo da sede do Parlamento, escapou do controle e destruiu a Câmara dos Lordes e a Câmara dos Comuns. A destruição física dos *tallies* — além de sua exclusão dos textos clássicos da história da moeda, o que também vale para todas as demais moedas creditícias — extinguiu por completo a memória da experiência precursora da primeira moeda fiduciária inglesa. Sobraram referências nos documentos oficiais do Tesouro, suficientes para demonstrar que, ao menos durante mais de seis décadas, em um período que se estende de 1377 a 1477, o valor dos *tallies* emitidos foi muito superior ao de todas as moedas metálicas cunhadas na Inglaterra.[6]

A transição para um sistema financeiro moderno

Os *tallies* foram perdendo gradativamente importância com a evolução do sistema financeiro. Mas a transição do sistema monetário medieval para um sistema financeiro mais evoluído só ocorreria durante o século XVII, um período marcado por crises constitucionais, conflitos religiosos e guerra civil. Com a restauração da monarquia, em 1660, e a Revolução Gloriosa, em 1688, ocorreram mudanças cruciais para a modernização do sistema monetário.

Antes disso, porém, em meados do século XVI, durante os reinados de Henrique VIII e de seu filho Eduardo VI, numa medida desesperada para levantar fundos, reduziu-se radicalmente o conteúdo de prata e de ouro das moedas. A referência de lastro metálico estabelecida para a libra esterlina era

38

A MOEDA, AS IDEIAS E A POLÍTICA

de 96,5%, mas as moedas de prata chegaram a circular com apenas 25% de lastro. A traumática experiência de um governo que levanta recursos através da substituição autoritária da moeda metálica por uma de menor valor intrínseco ficou conhecida como "The Great Debasement", ou a Grande Desvalorização, e se tornou uma referência para o debate monetário inglês a partir de então.

Após o período Tudor, o sempre agudo problema do levantamento de recursos para o governo levou à criação de novos instrumentos financeiros. O governo deixou de cobrar pela cunhagem das moedas metálicas e surgiram títulos da dívida pública que pagavam juros e as notas bancárias. Pela primeira vez, a Coroa, que até então só tomava empréstimos externos, passou a captar recursos através de títulos financeiros de dívida interna.

Na segunda metade do século XVII, George Downing — nascido em Dublin e formado nos Estados Unidos como aluno da primeira turma da Universidade Harvard — serviu como diplomata na Holanda, onde pôde observar um mercado financeiro sofisticado. Ao voltar à Inglaterra após a Restauração, Downing introduziu os primeiros títulos da dívida pública que pagavam juros, as Treasury Orders (TO). Downing defendeu a criação de um mercado secundário de comercialização desses títulos e estimulou a liquidez das TO, pois assim o governo poderia tomar emprestado a longo prazo, enquanto os seus financiadores assumiriam um compromisso de curto prazo. Segundo Downing, isso levaria à queda dos juros da dívida.[7] De fato, os novos títulos pagavam 6%, enquanto a Coroa desembolsava praticamente o dobro com os banqueiros tradicionais. A intuição de Downing — de que a liquidez é valorizada e não tem contraindicação, e de que o título líquido exige menos juros do que o ilíquido sem comprometer a estabilidade do sistema financeiro — é um ponto até hoje mal compreendido pela teoria monetária.

O sistema concebido por Downing ganhou força nos anos imediatamente posteriores ao restabelecimento da monarquia, e a dívida pública e o investimento em títulos do governo passaram a ser parte integrante da economia inglesa. Nem mesmo o default em alguns grupos de TO, conhecido como "The Stop of the Exchequer", ou a Parada do Tesouro — decretada por Carlos II por ocasião da guerra com a Holanda em 1672 —, interrompeu a evolução da dívida pública mobiliária interna. O sistema financeiro inglês tinha transitado da moeda metálica e da iliquidez medieval para o embrião de um sistema financeiro moderno, com os títulos da dívida pública na base de toda a estrutura de crédito privado.

A moeda como instrumento do poder público

A moeda medieval inglesa, apesar de lastreada no ouro e na prata, teve sua origem no poder público e, até o fim do século XVII, sempre foi entendida como um instrumento governamental. Esse entendimento foi ratificado pelos tribunais e estabelecido na lei. Desde o século XII, os primeiros tratados legislativos já diziam que a moeda é prerrogativa do poder público, pois "o metal de um determinado peso e espessura não é moeda sem uma denominação e uma impressão, assim como a cera não é um lacre sem o carimbo".[8] Como ficou estabelecido nas discussões jurídicas, sempre que o governo reduzia o conteúdo metálico da moeda, prática recorrente ao longo de vários séculos, como no caso da desvalorização nos anos de Henrique VIII e Eduardo VI — ou o contrário, quando o governo retirava de circulação moedas desgastadas para

A MOEDA, AS IDEIAS E A POLÍTICA

substituí-las por novas de maior conteúdo metálico, como no caso da recunhagem em larga escala promovida nos anos 1690 —, a moeda é o que o poder público determina e não se confunde com o seu lastro metálico. A redução do conteúdo metálico da moeda foi considerada absolutamente legal, um direito do soberano, quando, em 1601, a redução do lastro promovida por Elizabeth i foi levada à justiça, que validou a prerrogativa do governo de reduzir o lastro da moeda. A vitória do "nominalismo" sobre o "metalismo" ficou estabelecida na legislação.

Na última década do século XVII, a Inglaterra promoveu três grandes reformas monetárias, firmemente defendidas pelo partido Whig, que representava os interesses do comércio e da indústria da nova burguesia, em contraponto ao partido Tory, representante da aristocracia fundiária. A recomposição do lastro metálico da moeda, a criação do Banco da Inglaterra e a introdução de títulos exclusivamente fiduciários do Tesouro, as Exchequer Bills, resultaram do contraditório desejo de ao mesmo tempo restringir a atuação do Estado e aumentar a liquidez da economia. A moeda havia sido definida em termos legais como um instrumento do poder público, mas como é também e em essência um serviço público indispensável para o bom funcionamento da economia, a preocupação de evitar que o Estado abuse do seu poder sempre pautou o debate e o desenho das instituições monetárias. As reformas precursoras da última década do século XVII e o contraditório desejo de garantir a liquidez da economia, porém restringindo o abuso do poder de emissão do Estado, pautaram o entendimento sobre as questões monetárias desde então.

Ao reorganizar todo o sistema financeiro no final do século XVII, os ingleses foram obrigados a reabrir a discussão sobre o que é a moeda. A tentativa de substituir as moedas

41

desgastadas por novas com maior conteúdo metálico promovida por Guilherme III, que ficou conhecida como "The Great Recoinage", ou a Grande Recunhagem, gerou grave impacto recessivo e deflacionário. Como toda experiência de deflação, impôs alto custo ao comércio, à indústria e a todos os que tinham dívidas. A traumática experiência provocou uma forte reação política e um intenso debate intelectual. Os defensores do papel-moeda produziram um grande número de panfletos para justificar as vantagens da emissão de moeda como uma forma de expansão do crédito interno de acordo com as necessidades da economia, sem estar submetido à camisa de força da disponibilidade de ouro e prata, ao sabor das condições internacionais.

Esse clamor do comércio e da indústria nascente por uma forma de escapar do jugo da iliquidez imposta pela moeda metálica levou à criação do Banco da Inglaterra, com autorização para emitir notas bancárias lastreadas em dívida pública, assim como a posterior criação das Exchequer Bills. O nominalismo havia vencido o temor da aristocracia fundiária, essencialmente credora e rentista, em relação à perda de valor da moeda. A defesa do lastro metálico sempre esteve fundamentada na necessidade de proteger os credores e os rentistas da tentação política de financiar o governo e os gastos públicos através da desvalorização da moeda. O debate sobre a moeda e as restrições à sua emissão no fim do século XVII — que ressurgiu durante o século XIX, nas discussões entre os bulionistas e os antibulionistas, e depois entre a Currency School e a Banking School — tomou uma dimensão não apenas político-ideológica, mas filosófica, que antecipou o confronto entre o conservadorismo e o desenvolvimentismo no século XX.

A volta do metalismo

Nicholas Barbon foi o primeiro defensor da tese de que a moeda é essencialmente uma unidade de conta facilitadora dos negócios e o mais ilustre dos defensores da moeda fiduciária no século XVII. Numa discussão com John Locke, à época o mais influente defensor do metalismo, observou que, nos pontos em que o entendimento sobre o que é a moeda difere, também diverge o entendimento sobre como organizar o sistema financeiro. Barbon compreendeu que ao conceber a moeda como uma unidade de crédito abre-se um universo de novas possibilidades para a superação da iliquidez. Inúmeros outros autores à época argumentaram, com mais ou menos clareza, que todo crédito poderia ser monetizado, portanto a oferta de moeda era passível de ser flexibilizada através da monetização de obrigações recíprocas de crédito privado. O problema da iliquidez crônica, que durante séculos impediu o progresso do comércio e da indústria, estaria assim resolvido. William Atwood, Thomas Hougton e William Paterson, entre outros, defenderam a tese de que títulos fiduciários, mesmo privados, desde que ao portador ou transferíveis, poderiam "suprir a demanda por moeda e dar todas as respostas para o seu uso".[9]

A rápida evolução do mercado financeiro foi uma derrota da ortodoxia metalista, obrigada a ceder diante da inventividade dos defensores da moeda fiduciária. Preocupados com o avanço dos financistas, os conservadores passaram a sustentar que, com a criação do Banco da Inglaterra, o poder da aristocracia fundiária estaria em risco. Um tratado da época argumentava que o Banco "alteraria o poder, pois poria os fundos da nação nas mãos de súditos que naturalmente estão, e sempre estarão, ao lado da população e que irão influenciar insensatamente a Igreja e o Estado".[10] A moeda fiduciária surgia como capaz de alterar o equilíbrio de poder e de fortalecer novos atores políticos. Refletindo o avanço da democratização, o poder de criação de moeda passou da Coroa para o Parlamento, que o delegou ao Banco da Inglaterra. Tanto as notas bancárias como as notas do Tesouro, que passaram a circular como moeda, pagavam juros. As notas do Tesouro continuaram a ser emitidas até o século xix, mas sobretudo como um mecanismo de refinanciamento monetário, de injeção de liquidez no sistema financeiro em tempos de crises bancárias. Estavam criadas as bases do sistema financeiro e creditício moderno, parceiro da Revolução Industrial na viabilização do grande salto das economias capitalistas nos séculos seguintes.

O entendimento da moeda como crédito e a preponderância intelectual dos seus defensores só voltaram a ser questionados no início do século xix, quando as guerras napoleônicas obrigaram à suspensão da conversibilidade da libra em ouro. Os metalistas, então com David Ricardo à frente como seu expoente intelectual, saíram vitoriosos e voltaram a pautar o entendimento preponderante sobre a moeda. Para isso, Ricardo retomou a tese de John Locke dos anos 1690. Foi Locke quem sustentou originalmente a tese de que a moeda era o metal utilizado no comércio internacional. Formalizou, contrariando a evidência histórica, a tese de que a moeda era uma mercadoria, com um valor metálico intrínseco, definida por consenso do mercado como meio de troca para o uso no comércio internacional. Nas primeiras linhas de seu parecer sobre a crise monetária e a revalorização da moeda, na última década do século xvii, Locke afirma que: "A prata é o instrumento e a medida do comércio em todas as partes civilizadas e comerciais do mundo".[11] Para Locke, a moeda nada mais é do que a prata estampada com o selo do país emissor, um entendimento que transforma o lastro metálico da moeda na moeda propriamente dita.

A visão de Locke retira da moeda a sua conotação de uma instituição pública doméstica, de um instrumento de crédito fiscal, cujo valor unitário de face é a unidade de conta oficial do país, e lhe dá a conotação de uma mercadoria definida pelo mercado internacional como meio de troca. Essa interpretação da moeda como uma criação espontânea dos mercados, para evitar a necessidade da dupla coincidência de desejos num sistema de escambo, que dispensa o governo e as instituições, foi universalmente adotada pela teoria econômica ensinada nas escolas do século xx.

Uma contradição fundamental

A vitória do metalismo de Locke, apoiado pela velha riqueza fundiária, sempre preocupada com a potencial desvalorização de seus créditos contra a Coroa, era frontalmente contrária ao interesse dos comerciantes, que procuravam superar a iliquidez crônica da economia. Porém, também preocupados em limitar os gastos governamentais, os novos atores econômicos do comércio e da indústria nem sempre demonstraram entender a contradição entre limitar o poder de emissão do Estado e procurar expandir a liquidez de economia. A solução encontrada foi a criação do Banco da Inglaterra, com autonomia para emitir moeda fiduciária e a criação das Exchequer Bills — reformas que estabeleceram as bases do moderno sistema financeiro. A moeda seria metálica, para preservá-la da tentação do poder central de desvalorizá-la, mas o sistema bancário poderia conceder crédito com base num regime de reservas fracionárias, para acabar com a iliquidez crônica da economia.

Esse é o desenho do sistema monetário que até hoje é ensinado nas escolas de economia. A oferta de moeda é dada pela "base monetária", constituída originalmente pela moeda metálica, que é expandida pelo multiplicador bancário, resultado do regime de reservas fracionárias. Com reservas fracionárias, os bancos se tornam agentes de emissão monetária e sócios do governo na venda de um serviço valorizadíssimo: a criação de liquidez. Aos bancos foi dado o poder de emitir moeda e de se apropriar de parte do ganho de senhoriagem. Originalmente um serviço público, um monopólio do governo que cobrava para a cunhagem das moedas metálicas, grande parte do ganho de senhoriagem passou a ser apropriado pelo sistema bancário. A senhoriagem do Estado ficou restrita à base monetária, a emissão primária de moeda.

A expansão do crédito levou rapidamente à superação da iliquidez crônica e teve um grande impacto sobre o dinamismo e a expansão da economia, sem o que as inovações tecnológicas não teriam sido capazes de levar ao grande salto da Revolução Industrial. Em contrapartida, criou um problema novo: as crises de confiança e as corridas bancárias. Como as expectativas são voláteis, e a confiança, temperamental, qualquer abalo na economia levava a uma movimentação desenfreada para converter créditos bancários em moeda metálica. Com o regime de reservas fracionárias, o volume de moeda bancária é um múltiplo das reservas metálicas. A conversão de toda a moeda privada em moeda metálica é, portanto, inviável. As corridas bancárias ameaçavam quebrar os bancos e, como o Banco da Inglaterra só podia expandir a base monetária até o limite de suas reservas metálicas, o sistema continha uma fragilidade estrutural. A única saída diante da ameaça de uma corrida bancária era a suspensão da conversibilidade. Foi o que ocorreu no fim do século XVIII, quando as guerras napoleônicas e as despesas militares levaram à perda de confiança na libra. O governo foi obrigado a suspender a conversibilidade da moeda entre 1797 e 1821. Foi isso que reabriu o debate sobre a moeda metálica e a moeda fiduciária no início do século XIX.

A posição original de Locke foi retomada pelos bulionistas e, alguns anos mais tarde, pela Currency School. O metalismo saiu vitorioso do debate da primeira metade do século XIX — se não intelectualmente, pelo menos em termos políticos. O fetichismo da moeda como sendo o seu conteúdo metálico, defendido por Locke, se consolidou como a ortodoxia monetária. Como afirma Christine Desan, a Inglaterra superou o trauma da revalorização monetária da Grande Recunhagem e Locke saiu de cena, mas deixou como legado a determinação do Parlamento de tratar a moeda como assunto fora da esfera do Estado. O entendimento da moeda como uma mercadoria, escolhida de forma espontânea pelos mercados para servir como referência de valor e de meio de troca, teve consequências ainda mais profundas ao inspirar a Teoria Quantitativa da Moeda (TQM), que pautou a política monetária durante todo o século XX.

A transposição da lógica do metalismo para o sistema fiduciário

Os equívocos de uma política monetária inspirada numa concepção metalista da moeda, transportada para um sistema financeiro fiduciário moderno, estão por trás dos repetidos fracassos das tentativas de estabilização monetária tanto no Brasil como em vários outros países que tiveram inflação crônica durante o século XX. Apesar disso, em 2018, como parte de um acordo de financiamento com o FMI, a Argentina restabeleceu metas para a expansão da base monetária, um equívoco anacrônico que fracassou sistematicamente na tentativa de estabilizar a inflação na América Latina durante o século passado, tendo provocado apenas crises bancárias e recessão. Os velhos dogmas custam a morrer, mesmo quando já parecem enterrados — assim como nos velhos filmes de terror, são capazes de ressuscitar.

O padrão-ouro, adotado até a primeira metade do século xx, foi um passo intermediário entre a concepção metalista dura defendida por John Locke e a moeda fiduciária contemporânea. Ao permitir que o lastro da moeda fosse fracionário, o padrão-ouro rompia com a concepção de Locke que identificava a moeda com o seu lastro metálico. Definia-se assim um compromisso entre as duas forças que durante os últimos quatro séculos se enfrentaram na política, mas sobretudo no campo das ideias. Por um lado, a necessidade de superar a iliquidez que asfixia a economia; por outro, o desejo de limitar a capacidade do Estado de manipular a moeda segundo os seus interesses e objetivos.

O compromisso do padrão-ouro reconhecia que a moeda é um crédito endógeno, criado dentro do próprio sistema financeiro, mas que era preciso estabelecer um limite à capacidade do Estado de criar moeda. Fixando o lastro metálico da base monetária — a moeda emitida pelo governo — e deixando ilimitada a expansão do crédito bancário — a moeda emitida pelo sistema financeiro —, alcançavam-se simultaneamente os dois objetivos, o de criar liquidez e o de limitar a ação estatal na emissão de moeda.

Com os desequilíbrios externos provocados pela Primeira Guerra, também o sistema de lastro fracionário do padrão-ouro se tornou insustentável. Os últimos vestígios da moeda metálica medieval foram então abandonados em definitivo na Conferência de Bretton Woods, ao fim da Segunda Guerra.

Com a moeda puramente fiduciária, a necessidade de restringir a ação do Estado sobre a moeda passou a ser ainda mais premente. Com a liberação da restrição externa imposta pelo lastro do padrão-ouro, um novo freio precisava ser encontrado para limitar o poder de emissão do Estado.

A solução foi transportar a lógica do padrão-ouro para a base monetária puramente fiduciária. Foi o que fez a Teoria Quantitativa da Moeda, estabelecendo um limite à expansão da base monetária. A equação quantitativa determinava que toda expansão da base acima da expansão da renda real seria inflacionária. Portanto, para evitar a inflação, a base não poderia crescer acima da renda. Ficava assim restabelecida a restrição ao poder do Estado na gestão da moeda.

Milton Friedman tornou-se o grande sacerdote do monetarismo fundamentado pela Teoria Quantitativa da Moeda na segunda metade do século XX. A partir do seu trabalho em conjunto com Anna Schwartz sobre a história monetária dos Estados Unidos, defendendo a tese, sempre muito controversa, de que a crise dos anos 1930 foi provocada pela contração monetária, passou a sustentar que a expansão da moeda deveria seguir uma regra mecânica. A tese de que a moeda, se devidamente protegida a ingerência do Estado, é neutra e irrelevante, mas que, se mal gerida pela interferência espúria do Estado, irá provocar crises recessivas ou inflacionárias reverteu a vitória do keynesianismo e se tornou predominante a partir da década de 1970, tanto na academia como entre os formuladores de políticas públicas.

O compromisso do padrão-ouro estava refeito, garantindo que a expansão da moeda e do crédito privado permanecesse irrestrita, mas que a expansão primária da moeda pelo Estado estivesse limitada à taxa de crescimento da renda real. De toda forma, seria preciso garantir que a gestão da moeda primária, da base monetária, ainda sob a gestão do Estado, ficasse isolada das pressões políticas não alinhadas com os interesses dos negócios e das finanças. A solução foi separar a gestão monetária num banco central independente, isolado da esfera pública. A direção dos bancos centrais deveria estar nas mãos de técnicos, treinados nas escolas subordinadas à visão de que a moeda e o crédito são questões que devem estar ao abrigo das pressões políticas da democracia.

Uma tensão permanente

A solução de compromisso nunca foi capaz de evitar a tensão permanente entre a pressão pela expansão da liquidez privada e a restrição ao uso do crédito pelo Estado. Do ponto de vista macroeconômico, expansão ou contração de moeda e crédito, seja pública ou privada, têm o mesmo efeito, mas é evidente que, do ponto de vista microeconômico, da alocação e da distribuição de recursos, podem ser muito distintos. Com as limitações que impõe, a Teoria Quantitativa da Moeda passou a fazer o mesmo papel que o metalismo do século XVII defendido por Locke: restringir a emissão de moeda pelo Estado, deixando livre a emissão de moeda pelo sistema financeiro. A expansão do crédito, público ou privado, estimula a demanda agregada, tanto o consumo como o investimento, o que, embora favoreça o crescimento, eventualmente pressiona a capacidade instalada e é passível de provocar a alta dos preços.

O clássico argumento de que os gastos públicos e os gastos privados concorrem pela poupança nacional — o *crowding-out* dos investimentos privados pelos gastos públicos — só faz sentido quando se está próximo do pleno emprego. Essa é a tese de Keynes, perfeitamente compatível com o entendimento da teoria econômica clássica de que é a poupança que determina o investimento. A teoria econômica modela o sistema financeiro como intermediário entre poupadores e investidores, mas na realidade o sistema financeiro, como emissor de moeda, não depende de poupadores para expandir o crédito a investidores. Os bancos emprestam quando as taxas de juros e o risco de crédito são percebidos como favoráveis.

Para expandir seus empréstimos, os bancos não dependem da captação de depósitos de poupadores, vão simplesmente ao banco central para financiar a necessidade de reservas que a expansão do crédito exige. É o otimismo dos investidores e a confiança dos bancos que expande o crédito e o investimento privado, não a disponibilidade de poupança. O limite à expansão do crédito não é financeiro, não é a existência de poupança e de depósitos do público, mas sim a capacidade instalada. A expansão do crédito estimula a demanda, que, se excessiva, pode pressionar a capacidade instalada, provocar déficits no balanço de pagamentos e inflação. Justamente por causa do limite de oferta da economia, há uma disputa de espaço entre a expansão monetária pública e a expansão monetária privada.

Uma opção política

A expansão do crédito público efetivamente concorre com a do crédito privado se a economia estiver a plena capacidade. Nesse caso, a expansão monetária por iniciativa estatal reduz o espaço para a expansão monetária pelo sistema financeiro privado. Compreende-se assim a necessidade de restringir o espaço de emissão monetária do Estado pelos interessados na ampliação do crédito privado, mas trata-se de uma questão política, um julgamento de valor entre os gastos públicos e os gastos privados, apresentada pela teoria monetária como uma questão técnica.

Quando não existe um sistema financeiro, como no caso da Inglaterra medieval, ou quando o sistema financeiro é pouco desenvolvido, como até o século XVIII, a restrição ao endividamento do Estado implica necessariamente uma restrição de liquidez na economia. Com o sistema financeiro privado desenvolvido e autorizado a emitir moeda através das reservas fracionárias, soluciona-se o conflito entre o duplo interesse dos homens de negócios: o de restringir os gastos do Estado e aumentar a liquidez na economia. A oferta de moeda e crédito fica liberada da camisa de força imposta pela necessidade de aumento do endividamento governamental para criar liquidez na economia. Basta assim restringir a emissão de moeda pelo Estado para que a expansão do crédito privado não sofra competição, sem que se corra o risco de provocar iliquidez. O limite estabelecido pela TQM para a expansão não inflacionária da base monetária cumpriu perfeitamente esse papel. Durante os períodos de otimismo, quando a confiança impulsiona a expansão do crédito privado, a restrição à expansão de moeda primária pelo Estado abre espaço para os gastos privados sem risco de provocar iliquidez.

Mas a tese de que a limitação à emissão de moeda pelo governo seja uma questão meramente técnica, uma regra mecânica a ser seguida em todas as circunstâncias, cai por terra em situações de crise. Quando a confiança e o otimismo desaparecem, a brusca reversão do crédito privado exige a expansão do crédito estatal para restabelecer a liquidez e impedir a quebra do sistema financeiro. Como a insistência na restrição imposta pela TQM ameaça provocar uma depressão profunda, quase sempre, após um período de flerte com o irrealismo dogmático da teoria, a realidade se impõe e a expansão primária de moeda pelo Estado alivia o colapso da liquidez privada e impede a quebra do sistema financeiro. O caso paradigmático foi o da reação dos bancos centrais dos países desenvolvidos após a grande crise financeira de 2008, quando o experimento do Quantitative Easing (QE) — ou afrouxamento quantitativo — multiplicou a base monetária em até mais de quinze vezes sem nenhum vestígio de explosão inflacionária.

Durante toda a segunda metade do século XX, sempre que se procurou controlar a inflação com políticas inspiradas na TQM, o resultado foi recessão, crises bancárias e, sobretudo no caso de processos inflacionários crônicos, nenhum ganho sustentável na moderação da inflação. A flagrante evidência da incapacidade de políticas monetárias inspiradas na TQM para estabilizar processos inflacionários estabelecidos não foi capaz de encerrar o longo período de prevalência intelectual da Teoria Quantitativa da Moeda. Substituída sem maiores explicações por uma regra heurística para a taxa básica de juros, quando ficou evidente que os bancos centrais não podem controlar a base monetária, a TQM só veio a ser definitivamente desmascarada pelo experimento do QE, depois da crise financeira de 2008.

Sem uma justificativa técnica para limitar a expansão da moeda pelo Estado, a tentativa de restringir os gastos públicos migrou da base monetária para a dívida pública. Sem nenhuma pretensão de procurar encontrar uma justificativa conceitual, trabalhos como os de Carmen Reinhart e Kenneth Rogoff introduziram um limite superior para a relação entre a dívida pública e o produto interno, em torno de 70%, acima do qual sustentavam que a economia se desorganizaria e entraria em prolongada recessão.[12] Mesmo sem incluir o aumento dos passivos dos bancos centrais decorrentes do QE no endividamento público, China, Japão, Estados Unidos, assim como inúmeros países da União Europeia, já ultrapassaram esse limite há mais de duas décadas.

A crise financeira de 2008 foi provocada pelo excesso do crédito privado, cuja expansão, turbinada pela inventividade financeira contemporânea, não está limitada ao sistema bancário. No entanto, a reação das instituições oficiais, tanto de bancos centrais como do FMI, do BIS e da Comissão Europeia, depois da crise, foi a de insistir na contração do gasto e do endividamento público. O FMI chegou a sustentar que o multiplicador dos gastos públicos tinha se tornado inferior à unidade — ou seja, a expansão dos gastos públicos provocaria recessão e não expansão da economia. Economistas como Alberto Alesina, da Universidade Harvard, defenderam a tese de que cortes drásticos dos déficits fiscais não são recessivos, mas ao contrário, são seguidos de uma rápida e sustentada recuperação da economia, até mesmo no curto prazo.[13] Os tecnocratas das instituições oficiais internacionais passaram a falar em "contração fiscal expansionista". O FMI voltou atrás e reconheceu que estava errado: o multiplicador fiscal nunca foi inferior à unidade, apenas deveria ser, segundo o modelo com expectativas racionais utilizado por Olivier Blanchard e Daniel Leigh.[14] Infelizmente a realidade se mostrou renitente, mas o conceito de "contração fiscal expansionista" continua a ser sustentado por especialistas que pontificam na mídia e a inspirar a formulação de políticas públicas.

A macroeconomia e a política das ideias

A história da moeda, tanto do que se entende por moeda como da teoria monetária, é ilustrativa de como a teoria macroeconômica chegou à crise em que se encontra. Com a aspiração de se equiparar às ciências exatas, em busca da formalização matemática a macroeconomia afastou-se da política e das instituições. A moeda é uma convenção, uma unidade contábil universalmente utilizada pela sociedade. É um bem público que tem sua origem na cobrança de impostos pelos detentores do poder. A análise do que é a moeda, de como deve ser conduzida a política monetária, não pode ser dissociada do seu contexto tecnológico, político e institucional. Mas foi isso o que fez a teoria macroeconômica dominante, até chegar ao paroxismo de suprimir a moeda de seus modelos analíticos. A partir da última década do século xx, quando a Teoria Quantitativa da Moeda foi obrigada a ser aposentada, a macroeconomia deixou de ter qualquer pretensão de compreender o papel da moeda, aceitou a tese da sua neutralidade, resultado do modelo microeconômico de equilíbrio geral, e abdicou de ter o que dizer a propósito da moeda.

A política monetária contemporânea, adotada pela absoluta maioria dos bancos centrais, é uma política de juros baseada numa regra heurística, sem fundamentação no modelo analítico macroeconômico dominante, de onde a moeda foi excluída. No modelo macroeconômico contemporâneo — o DSGE (Dynamic Stochastic General Equilibrium) —, a taxa de juros influencia a demanda agregada, que por sua vez influencia a inflação, mas a moeda e todo o sistema financeiro foram suprimidos. Só após a grande crise de 2008 foram feitos esforços para reintroduzi-los.

O longo caminho percorrido para chegar a esta paradoxal situação, em que o modelo analítico suprime o objeto de seu estudo, começa com o parecer de John Locke no final do século xvii. Com seu argumento de que a moeda é na realidade o seu lastro metálico, a prata e o ouro à época utilizados no comércio internacional, Locke confrontou a tradição nominalista do sistema judiciário inglês e plantou a semente da tese de que a moeda é uma criação espontânea dos mercados. A história mostra que a moeda é um bem público, indissociável do poder e das instituições. É a moeda, uma instituição pública, que viabiliza os mercados, e não os mercados que criam a moeda. A tese metalista encampada por Locke, assim como a visão contemporânea de que a moeda é uma criação dos mercados, é uma reinterpretação, sem base nos fatos, das partes interessadas em limitar o poder do Estado.

Criada como um instrumento governamental para a contabilidade de débitos e créditos fiscais e adotada como unidade de conta universal na sociedade, a moeda se tornou um bem público. Ao longo dos séculos, a contradição entre a necessidade de expandir a liquidez e de limitar os gastos públicos sempre foi determinante na forma de entender a moeda e organizar o sistema financeiro. Quando a questão da iliquidez é mais aguda, como foi até o final do século XVII na Inglaterra, o pêndulo pende para o nominalismo e o entendimento da moeda como crédito. Quando a necessidade de impor limites aos gastos públicos se torna mais premente, a visão da moeda como um elemento que está fora da esfera do Estado tende a se tornar intelectual e politicamente dominante.

Até o final do século XVII, a questão da iliquidez era premente, e o nominalismo prevaleceu. Com o desenvolvimento do sistema financeiro e a criação da moeda bancária, a iliquidez medieval crônica foi definitivamente superada. A necessidade de limitar os gastos do Estado se tornou então a principal força motora por trás das teorias monetárias. O metalismo saiu vitorioso dos dois grandes debates monetários do século XIX na Inglaterra. Travados em momentos em que os gastos militares forçaram a suspensão da conversibilidade da moeda, a vitória intelectual do metalismo foi o triunfo político da necessidade de impor limites aos gastos do Estado.

Com o fim do padrão-ouro, a Teoria Quantitativa da Moeda transpôs a lógica do metalismo para o sistema da moeda fiduciária, impondo um limite não inflacionário para a base monetária. A partir da segunda metade do século xx, o monetarismo da tqm se tornou o principal instrumento intelectual dos defensores da necessidade de impor limites aos crescentes gastos de operação do Estado de bem-estar social. Na última década do século passado, a flagrante inconsistência com a realidade da pressuposição da tqm de que o banco central controla a base monetária foi enfim desmascarada. Alguns anos depois, após a grande crise financeira de 2008, o experimento do qe demonstrou de forma categórica que não existe um limite inflacionário para a expansão da base monetária. A tqm teve que ser arquivada em caráter definitivo. Desde então, a macroeconomia nada mais tem a dizer sobre a moeda, porém a tese de que a gestão da política monetária e a ordenação do sistema financeiro devem estar nas mãos de um banco central independente, dirigido por macroeconomistas de formação, continua predominantemente aceita.

2
Consenso e contrassenso: Déficit, dívida e previdência[*]

A maior parte da sabedoria econômica convencional, que prevalece nos círculos financeiros, largamente subscrita como base para a formulação de políticas de governo e amplamente aceita pela mídia e o público, está baseada em análises incompletas, hipóteses contrafactuais e falsas analogias.
— William Vickrey, Nobel de economia em 1996, "Fifteen Fatal Fallacies of Financial Fundamentalism"

O custo fiscal da dívida

AO ASSUMIR A PRESIDÊNCIA DA American Economic Association (AEA), no início de janeiro de 2019, Olivier Blanchard escolheu um tema polêmico: o aumento da dívida pública é de fato um problema? A questão é da mais alta relevância. O aumento da dívida pública como proporção da renda é quase unanimemente percebido como uma ameaça à economia e um fardo para o futuro. No Brasil, o déficit público, liderado pelo seu maior componente, o déficit da Previdência, é considerado o principal obstáculo a ser superado, sem o que a economia não será capaz de sair do atoleiro em que se encontra desde 2015.

---

[*] Agradeço os comentários de Edmar Bacha, José Pio Borges, Pedro Malan e Persio Arida, mais do que nunca, sem comprometê-los com as teses aqui defendidas. Texto publicado originalmente pelo jornal *Valor Econômico*, em 8 mar. 2019.

Apesar da relevância política do tema, o artigo de Blanchard é um trabalho dirigido aos seus pares da AEA. Como obriga o figurino acadêmico, o argumento é formulado sobre um modelo matemático. O modelo escolhido é um dos mais utilizados para estudar questões que envolvem sucessivas gerações. Conhecidos como modelos de *overlapping generations*, ou de gerações sobrepostas, foram originalmente introduzidos por Paul Samuelson, num artigo seminal de 1958, para estudar os efeitos de transferências intergeracionais, como as de um sistema previdenciário de repartição, no qual a contribuição dos jovens na ativa financia a aposentadoria dos mais velhos. Alguns anos depois, em 1965, Peter Diamond estendeu a análise de Samuelson para o caso da dívida pública.

É uma versão do modelo de Diamond que Blanchard adota para analisar a questão do custo fiscal e de bem-estar da dívida pública. Por custos de bem-estar, ou *welfare costs*, entendem-se os desvios em relação ao equilíbrio teórico ótimo dos modelos competitivos. Apesar de conceitualmente instigante e sofisticada em termos formais, a análise dos custos de bem-estar tem menos interesse prático do que a dos custos fiscais da dívida, esse, sim, com resultado relevante para as políticas públicas, e que provoca polêmica. O que motiva o interesse da mídia e dos analistas financeiros é saber se o déficit público é sustentável ou se levará a um crescimento explosivo da dívida.

A resposta não exige que se entre nos detalhes do modelo: se a taxa de juros da dívida for menor do que a taxa de crescimento da economia, a relação entre a dívida e a renda irá decrescer a partir do momento em que o déficit primário — o déficit que exclui o serviço da dívida — for eliminado. O resultado é trivial e mais robusto do que parece: independentemente da magnitude dos déficits, da extensão do período em que há déficits e do tamanho da dívida em relação ao PIB, uma

CONSENSO E CONTRASSENSO: DÉFICIT, DÍVIDA E PREVIDÊNCIA

vez eliminado o déficit primário, se a taxa nominal de juros for menor do que a taxa de crescimento nominal da renda, a relação dívida/PIB irá decrescer, sem aumento da carga tributária. Desde a crise financeira de 2008, a taxa de juros nos Estados Unidos tem sido muito baixa. Blanchard mostra que essa não é uma situação excepcional. Desde o início do século XIX, a taxa de juros norte-americana foi sistematicamente inferior à taxa de crescimento. A única exceção foi a primeira metade da década de 1980, durante o período de Paul Volker na presidência do Fed. As simulações feitas por Blanchard demonstram que a relação dívida/PIB dos Estados Unidos teria sempre decrescido, seja qual for o ano de partida, de 1950 até hoje, uma vez eliminados os déficits primários. Choques transitórios de altas taxas de juros, como as observadas nos anos 1980, teriam temporariamente elevado a relação dívida/PIB, mas logo a proporção voltaria a cair. Na ausência de déficits primários, a partir do início das décadas 1950, 1960 ou 1970, a queda da relação dívida/PIB teria sido muito rápida. Blanchard argumenta que teria sido "dramática". Ele conclui que não teria havido qualquer dificuldade para a rolagem de uma dívida maior do que a de fato observada, que "o custo fiscal de uma dívida maior teria sido pequeno, ou praticamente nulo".

Blanchard é cauteloso em relação às implicações para a formulação de políticas públicas. Primeiro, porque o futuro não é necessariamente igual ao passado. Apesar de um longo histórico em que o juro foi inferior ao crescimento, a taxa de juros pode vir a superar a taxa de crescimento. Segundo, porque a confiança dos investidores pode levar à existência do que os economistas chamam de equilíbrios múltiplos. Ainda que a dívida seja financiável sem nenhum custo fiscal, a avaliação dos investidores é relevante. Se os detentores da dívida exigirem um prêmio de risco para o refinanciamento, o seu custo irá aumentar e poderá

61

superar a taxa de crescimento. A dívida se tornará então onerosa de fato. As expectativas dos investidores seriam autorrealizadas. Se a taxa de juros for inferior à taxa de crescimento, não há custo fiscal associado à dívida, mas as expectativas podem tornar infinanciável uma dívida perfeitamente sustentável. A conclusão de que a dívida pode não ter custo fiscal contradiz o senso comum, o consenso dos analistas financeiros, a partir do qual as expectativas são formadas. Como as expectativas são tão importantes, é fundamental que se compreenda corretamente a questão do custo da dívida pública.

A moeda e a restrição financeira do governo

A possibilidade de que no futuro o juro possa ser superior ao crescimento é a principal razão para cautela em relação ao aumento da dívida. Mas, se o juro for fixado pelo banco central e puder ser sempre inferior à taxa de crescimento, a dívida na prática nunca terá custo fiscal. A tese é surpreendente, pois contradiz frontalmente o consenso entre os formuladores de políticas públicas e a teoria macroeconômica estabelecida. Por isso mesmo, tende a ser descartada in limine, sem que seus argumentos sejam analisados de forma mais minuciosa. No entanto, a tese não só merece atenção como está correta, e o artigo original de Paul Samuelson, que apresenta o modelo das gerações sobrepostas, ajuda a compreender por quê. Peço ao leitor, sobretudo o com formação macroeconômica, que tenha um pouco de paciência e exerça o saudável exercício da suspensão da descrença enquanto procuro expor, de forma sintetizada, o que se convencionou chamar de neocartalismo ou de Moderna Teoria Monetária, mais conhecida pela sigla MMT (do inglês Modern Money Theory).

CONSENSO E CONTRASSENSO: DÉFICIT, DÍVIDA E PREVIDÊNCIA

A tese é originalmente de Warren Mosler, um financista sem formação acadêmica em economia, o que contribuiu para o descrédito com que é tratado pela maioria dos analistas. Durante muitos anos, Mosler conduziu uma cruzada para tentar ser ouvido tanto por acadêmicos como por formuladores de políticas públicas, sempre sem sucesso. Em 2010, publicou um pequeno livro no qual expõe, de forma direta e simples, as suas teses. O título, *The Seven Deadly Innocent Frauds of Economic Policy* [As inocentes sete fraudes capitais da política econômica], é uma homenagem a John K. Galbraith, que cunhou a expressão. James Galbraith, o filho do influente pensador e professor da Universidade Harvard, assina o prefácio. O desenvolvimento conceitual da MMT foi levado adiante por professores do campus de Kansas da Universidade de Missouri, como L. Randall Wray e Stephanie Kelton. O livro *Modern Money Theory*, de Wray, é a mais completa exposição dos princípios da MMT e de por que a má compreensão da moeda leva a uma série de equívocos na formulação de políticas macroeconômicas. *Understanding Government Finance* [Entendendo as finanças governamentais], de Brian Romanchuk, é uma versão sintética, dirigida ao público não especializado, das razões por que os Estados que têm o poder de emitir sua moeda não estão sujeitos às mesmas restrições financeiras que os demais agentes econômicos.

O ponto de partida da tese de Mosler, que fundamenta a Moderna Teoria Monetária, é que a essência da moeda é ser a unidade de conta nacional. Suas demais propriedades que aparecem nos livros-textos, como a de servir como meio de troca e como reserva de valor, são subsidiárias. Esse é justamente o ponto que defendo no livro *Juros, moeda e ortodoxia*. Segundo Schumpeter em sua *História da análise econômica*, é possível definir a moeda dando ênfase ao aspecto de meio de troca,

63

facilitador de transações, ou à sua propriedade de unidade de conta, na qual se registram débitos e créditos. No primeiro caso, chega-se a teorias monetárias do crédito; no segundo, a teorias creditícias da moeda. A diferença, aparentemente pouco significativa, leva a entendimentos muito distintos do papel da moeda e da política monetária.

A opção pela ênfase na moeda como meio de troca é dominante, quando não hegemônica, nas instituições de ensino. Qualquer aluno de um curso básico de economia conhece a história da introdução da moeda, numa economia primitiva, baseada no escambo, como facilitadora de transações. De acordo com essa versão, a moeda é por princípio uma mercadoria de uso generalizado e com algum grau de perenidade, mas ainda assim uma mercadoria. A moeda-mercadoria, ou com lastro em uma mercadoria como o ouro, está na base de toda a estrutura conceitual que embasa a teoria monetária estabelecida. A sua versão mais conhecida, a da Teoria Quantitativa da Moeda, foi abandonada ao final da última década do século xx, quando ficou claro que os bancos centrais não controlavam a quantidade de moeda, mas sim a taxa básica de juros sobre as reservas bancárias. A macroeconomia neokeynesiana das últimas duas décadas não trata explicitamente da moeda, a política monetária é uma política de taxa de juros. Através da taxa básica de juro, os bancos centrais controlam a demanda agregada na economia, procurando exercer uma pressão, inflacionária ou deflacionária, que mantenha a inflação dentro das metas anunciadas.

Teorias alternativas, que partem da moeda como unidade de conta para registros de débitos e créditos, as teorias creditícias da moeda, sempre existiram, mas ficaram esquecidas, submersas pela dominância esmagadora das teorias quantitativistas, baseadas na moeda-mercadoria, facilitadora das transações. A tese de Georg F. Knapp, economista alemão, cujo livro *Staatliche Theorie des Geldes* [Teoria Estatal da Moeda], publicado originalmente em 1905, mas só traduzido para o inglês em 1924 com o título *The State Theory of Money*, cunhou o termo cartalismo como uma alternativa ao metalismo quantitativista na compreensão da moeda. Segundo o cartalismo, a moeda não é uma geração espontânea dos mercados para facilitar as transações, e sim uma criação do poder soberano ou do Estado nacional. A moeda é uma unidade de crédito contra o Estado — ou seja, uma unidade de dívida governamental legalmente aceita para o pagamento de impostos.

Os estudos antropológicos recentes tendem a confirmar a tese de que a moeda seria uma criação do poder soberano e é indissociável da cobrança de tributos — a sua aceitação generalizada é decorrência de ser aceita para o pagamento de impostos. Ou seja, é o fato de ser a unidade de valor para o pagamento de impostos que a torna a unidade de referência de valor na economia. Só a partir de um artigo pioneiro de Thomas J. Sargent e Neil Wallace, publicado em 1981, passando pela Teoria Fiscal do Nível de Preços de Christopher Sims, apresentada em 1994, e outros trabalhos na mesma linha, a macroeconomia passou a tratar as políticas monetária e fiscal não mais como independentes, mas como indissociáveis. Esse, porém, sempre foi o entendimento do cartalismo.

A moeda é essencialmente uma unidade de valor na qual os impostos são calculados e podem ser pagos. Não é preciso que tenha valor intrínseco, nem mesmo existência física, como está ficando cada dia mais evidente com o rápido desaparecimento do papel-moeda. Trata-se apenas da unidade de um sistema de registro de valores, de débitos e créditos, cuja garantia é o fato de ser a unidade de valor aceita pelo Estado para o pagamento de impostos. Essa constatação tem uma implicação lógica contraintuitiva: o governo não precisa adquirir moeda, seja através do recolhimento de impostos, do aumento da dívida ou da venda de ativos, para poder gastar. O governo gasta e simplesmente credita unidades monetárias equivalentes nas contas dos que lhe venderam ativos, mercadorias ou prestaram serviços. Em suma, o governo não tem restrição financeira. É o gasto do governo que cria moeda, e não a disponibilidade de moeda que viabiliza o gasto do governo.

Da mesma forma, não é a expansão de reservas bancárias — ou base monetária — que leva os bancos a emprestar e a criar moeda, pelo contrário: é o aumento dos empréstimos dos bancos que força o aumento de reservas bancárias, ou da base monetária. Diferentemente do que costuma ser ensinado — neste caso, que o multiplicador bancário é parte fundamental da oferta de moeda —, os bancos não precisam de reservas excedentes para expandir os empréstimos, assim como também não expandem os empréstimos sempre que se veem com reservas excedentes. Os bancos expandem os seus empréstimos sempre que acreditam ter tomadores confiáveis às taxas correntes e espaço nos seus balanços para aumentar o ativo sem ultrapassar os limites regulatórios de alavancagem.

Se expandir os seus empréstimos sem excesso de reservas, o banco será obrigado a se financiar no mercado interbancário de reservas. Caso não haja reservas excedentes no sistema bancário como um todo, será obrigado a vender dívida pública, ainda que com opção de recompra, para o banco central, que por sua vez sempre será obrigado a financiar o sistema e expandir as reservas, se não quiser permitir que a taxa básica saia do seu controle. A teoria quantitativista, portanto, sempre inverteu o sentido da causação no circuito monetário. A concepção de que a moeda é um estoque, que circula a uma determinada "velocidade-renda" para comprar o produto in-

CONSENSO E CONTRASSENSO: DÉFICIT, DÍVIDA E PREVIDÊNCIA

terno a um determinado nível de preços, implica que o governo, assim como os bancos, precisa adquirir moeda para poder emprestar e gastar.

O cartalismo, recuperado pela MMT, entendeu que o sentido da causalidade é o inverso — não é da moeda para a despesa agregada, e sim da despesa agregada, pública e privada, para a moeda. A moeda é endógena, pois é o aumento da despesa agregada que força a expansão da moeda, e não a expansão da moeda que provoca o aumento da demanda agregada. O banco central não controla, nem tem como controlar, as reservas bancárias — ou seja, a base monetária — sem abdicar do controle da taxa básica de juros. Por isso, o banco central fixa a taxa básica de juro sobre as reservas e é obrigado a acomodar toda e qualquer variação da demanda por reservas.

Embora contradiga tudo o que foi ensinado até muito recentemente sobre a oferta de moeda, essa lógica fica evidente para quem tem conhecimento prático do funcionamento do sistema bancário e da atuação dos bancos centrais. Uma crítica da visão convencional da oferta de moeda e uma descrição analítica do real funcionamento do sistema monetário contemporâneo pode ser encontrada em trabalhos recentes de Claudio Borio, como o artigo "What Anchors for the Natural Rate of Interest?" [O que ancora a taxa natural de juros?]. No seu ensaio, "On Money, Debt, Trust, and Central Banking" [Sobre moeda, dívida, confiança e a atuação dos bancos centrais], cuja leitura é obrigatória para quem quer entender o real funcionamento do sistema monetário contemporâneo, Borio afirma:

> Esta análise é algo que qualquer banqueiro central responsável por procedimentos de implementação consideraria familiar. No entanto, ainda não é suficientemente disseminada na academia.

Quando descobri sua existência, em meados dos anos 1990, para minha grande decepção, fui obrigado a jogar pela janela tudo o que havia aprendido nos livros de teoria e na universidade sobre esse tema.

O excesso de moeda não provoca necessariamente inflação

A moeda é endógena e criada pela expansão dos gastos do governo ou pela expansão dos empréstimos bancários. Há, entretanto, uma diferença fundamental entre o sistema bancário e o governo. A expansão do crédito pelo sistema financeiro pode levar a uma valorização excessiva dos ativos que, ao se reverter, leva a uma contração do crédito, o que reforça a desvalorização dos ativos e pode provocar graves crises financeiras. Os bancos, como bem se sabe, podem se tornar insolventes e quebrar, mas o governo que emite a sua moeda não, pois pode sempre "emitir" para se financiar, o que nada mais é do que aumentar o valor do registro contábil do passivo do banco central.

O leitor que até aqui tenha conseguido manter a suspensão da descrença se verá agora tentado a perder a paciência e exclamar que é claro que, se o governo pode emitir moeda, não estará sujeito a uma restrição financeira de ordem prática, mas o resultado será provocar inflação. Embora essa impaciência seja compreensível, pois nada é mais repetido do que a afirmação de que a emissão de moeda provoca inflação, o fato é que isso não é verdade. A inflação não é resultado do excesso de moeda, mas do excesso de demanda agregada ou das expectativas de inflação. Mais uma vez, o livro didático convencional do século XX estava equivocado. A moeda é endógena e não provoca inflação enquanto não houver excesso de demanda

68

CONSENSO E CONTRASSENSO: DÉFICIT, DÍVIDA E PREVIDÊNCIA

ou expectativa de inflação. Hoje, essa é uma afirmação aceita pela teoria macroeconômica e incorporada aos modelos de referência contemporâneos.

A partir da década de 1990, sobretudo depois dos trabalhos de Michael Woodford, a teoria macroeconômica eliminou a moeda do modelo analítico de referência. Ficou explícito que o banco central só atua sobre a demanda agregada através da taxa de juros, para levar a inflação para dentro das metas anunciadas. A emissão de moeda não é uma variável sob controle do banco central e não provoca inflação. É também o que demonstrou, de forma categórica e inequívoca, o experimento de Quantitative Easing (QE) dos bancos centrais dos países desenvolvidos, implementado depois da crise financeira de 2008. Os bancos centrais expandiram as reservas bancárias para comprar ativos do sistema financeiro. O aumento da base — ou seja, a "emissão" de moeda — foi de uma ordem de grandeza nunca vista, multiplicando o passivo dos bancos centrais por fatores superiores a dez vezes. Em toda parte, nos Estados Unidos, na União Europeia, no Reino Unido, assim como no Japão, que já tinha dado início à expansão monetária de QE anos antes da grande crise financeira, a inflação continuou impassível, abaixo das metas.

Para tentar preservar o quantativismo monetarista, ouve-se com frequência que a base se expandiu, mas os bancos não emprestaram, por isso não houve inflação. Foi realmente o que ocorreu, mas o fato de que as reservas tenham ficado empoçadas é uma cabal demonstração de que a visão convencional sobre a oferta de moeda, baseada no multiplicador de reservas livres, está errada. Além de confirmar que o aumento dos empréstimos bancários não depende da existência de reservas livres, o argumento não explica como um aumento de tal ordem da base, e portanto de todos os agregados monetários, ainda que em menor proporção devido à queda dos multiplicadores, não tenha causado inflação.

A inflação é provocada por um excesso de demanda agregada, ou por um choque negativo de oferta que pressiona alguns preços-chave e cria a percepção de que há uma alta generalizada de preços, que por sua vez cria expectativas de que os preços continuarão a subir. Uma vez consolidadas, as expectativas de inflação podem manter a inflação alta, mesmo com desemprego e capacidade ociosa. A inflação consolidada tem um grande componente de inércia. Expectativas de inflação podem ser revertidas através do anúncio de metas por um banco central que tenha credibilidade, conquistada pelo seu histórico de sucesso para manter a inflação dentro das metas. Para isso, o banco central utiliza a taxa básica de juros como instrumento para regular a demanda agregada. Diante de pressões inflacionárias, provocadas pelo excesso de demanda, o banco central eleva a taxa de juros, para arrefecer a demanda e reduzir a expectativa de inflação.

A evidência empírica recente demonstra que as expectativas, uma vez estabelecidas, são mais estáveis e menos sensíveis à demanda agregada do que se supunha. A Curva de Phillips, que estabelece uma relação inversa entre o desemprego, ou a capacidade ociosa, na economia e a inflação, tende a ficar bem menos acentuada quando as expectativas estão bem ancoradas. Para vencer a inércia de expectativas ancoradas, tanto de alta como de baixa inflação, é preciso provocar muito desemprego, ou muito excesso de demanda. A inércia das inflações altas já era conhecida desde os surtos inflacionários das economias em desenvolvimento da segunda metade do século passado, mas a inércia das inflações baixas só ficou clara há pouquíssimo tempo, depois da crise financeira de 2008.

Portanto, o governo não tem restrição financeira, pois ao gastar sempre "emite" moeda. O que o governo pode fazer quando gasta e acaba criando moeda é mudar a composição do seu passivo, vendendo dívida no valor equivalente ao aumento das reservas creditadas nos bancos. Ou seja, sempre que o governo gasta, aumenta o seu passivo. De acordo com a concepção quantitativista, a moeda é um estoque de um ativo perfeitamente líquido, cujo valor não pode superar a demanda, que é função da renda nominal da economia. Ao gastar e emitir moeda, o governo precisaria "esterilizar" o aumento das reservas bancárias, vendendo dívida no mercado aberto. Quando se compreende que, na essência, não há diferença entre moeda e dívida, pois tanto uma quanto outra são passivos do governo, fica claro que a opção por emitir dívida é uma questão de gestão do passivo do governo, não uma exigência do seu financiamento.

Convencionou-se que a moeda é um passivo do banco central e a dívida pública é um passivo do Tesouro, mas ambos são passivos do governo consolidado. Moeda também pode pagar juros, como no caso das reservas bancárias remuneradas no banco central, do mesmo modo que a dívida pública pode ser perfeitamente líquida, como no caso dos títulos públicos transacionados nos sofisticados mercados financeiros contemporâneos, dotados de grande liquidez. No Brasil, as LFTS — títulos indexados à taxa das reservas bancárias — são substitutos praticamente perfeitos para as reservas bancárias. Os demais títulos públicos, sobretudo os de mais longo prazo, têm menor liquidez, mas nada que justifique o tratamento tão diferente dado a eles pela teoria em relação às reservas bancárias. Todo título de dívida pública soberana, denominado na moeda nacional, em caso de crise será sempre recomprado antecipadamente, ou resgatado, em moeda emitida pelo banco central. Toda a dívida pública emitida em moeda nacional tem alta liquidez. Pode haver perda de valor em momentos de tensão no mercado, mas não há risco de calote.

Como o banco central irá sempre dar liquidez para os títulos públicos, mesmo os de longo prazo, não faz sentido que o governo emita títulos pelos quais os compradores exijam juros mais altos. Como toda dívida pública tem liquidez garantida pelo banco central, o governo deve sempre se financiar com a dívida mais barata possível, que são as reservas bancárias remuneradas. Esse foi o raciocínio por trás da emissão dos títulos indexados à taxa básica das reservas bancárias, originalmente as LBCS, hoje transformadas em LFTS. Reservas bancárias remuneradas são a forma menos onerosa de passivo público. Trata-se de um passivo monetário cuja demanda, desde que a taxa de juros básica seja igual ou superior à taxa de inflação, é praticamente infinita.

Essa é razão pela qual o Fed pode multiplicar a base monetária por mais de dez vezes para comprar títulos de um setor financeiro excessivamente alavancado sem provocar inflação. O QE é a comprovação prática de que o governo não tem restrição financeira, pois pode aumentar suas despesas — nesse caso para adquirir ativos do setor privado — simplesmente creditando reservas bancárias em nome dos vendedores. Como ao gastar o governo "emite" reservas bancárias, não é preciso que obtenha os recursos para gastar, nem através de impostos, nem através de alguma fonte alternativa de financiamento.

A esse respeito, a resposta de Ben Bernanke, quando presidente do Fed, à pergunta feita pelo jornalista Scott Pelly do programa televisivo norte-americano *60 Minutes* não deixa dúvida. Questionado se o dinheiro usado pelo Fed dentro do programa de QE era proveniente dos impostos pagos pelo contribuinte, Bernanke respondeu: "Não é dinheiro de impostos.

Os bancos têm contas com o Fed, do mesmo modo como você tem uma conta num banco comercial. Portanto, para emprestar a um banco, nós simplesmente usamos o computador para aumentar o valor da conta que eles têm no Fed". Mais direto, impossível: o banco central, ou o governo, não precisa de impostos para financiar seus gastos; basta creditar as reservas bancárias das suas contrapartes.

A restrição da realidade

O fato de o governo não ter restrição financeira não significa, como se poderia precipitadamente concluir, que o Estado não esteja sujeito a nenhuma forma de limitação dos seus gastos. Existe a restrição da realidade, a da capacidade produtiva da economia. O gasto governamental é parte da demanda agregada — o aumento dos gastos por parte do Estado eleva a demanda e pressiona a capacidade instalada. A partir de um determinado ponto, o gasto governamental pode pressionar os preços e provocar inflação. A pressão inflacionária nesse caso decorre da sobrecarga exercida pelos gastos do governo na economia, e não da expansão monetária. Numa economia aberta, integrada ao comércio internacional, o excesso de pressão da demanda agregada, além de provocar uma pressão inflacionária, irá extravasar para as contas externas. Os déficits em conta-corrente resultantes do excesso de demanda são o mais claro sinal de que a restrição da realidade não está sendo respeitada.

Durante algum tempo, é sempre possível financiar o déficit em conta-corrente com endividamento externo, mas como a dívida externa é sempre denominada em moeda estrangeira, ao menos para os países que não emitem moeda reserva, a restrição externa da realidade tem expressão financeira. Como não é possível emitir moeda estrangeira, a dívida externa efetivamente corre risco de não poder ser refinanciada. As crises de dívida externa de países em desenvolvimento no último quarto do século xx, assim como a crise da Grécia neste início de século, que obrigam os países a recorrer ao Fundo Monetário Internacional, são provocadas pelo endividamento excessivo em moeda que não pode ser emitida pelo devedor. Nesses casos, não só a restrição financeira existe como quase sempre se faz sentir de forma súbita, quando a perda de confiança dos investidores externos interrompe o refinanciamento da dívida. É o que na literatura ficou conhecido como o *sudden stop* — a "parada brusca", cuja origem estaria associada ao *original sin*, o "pecado original" do endividamento em moeda estrangeira. O governo só não está sujeito à restrição financeira nos seus gastos em moeda nacional. A Grécia, assim como todos os países que adotaram o euro, abdicaram do poder de emitir a moeda nacional, o que transforma a dívida interna no equivalente à dívida externa denominada em moeda estrangeira.

Se o governo, quando em condições de emitir a sua moeda, não tem restrição financeira, não precisa tributar para se financiar, por que então cobrar impostos? Do ponto de vista macroeconômico, o governo tributa exclusivamente para retirar poder aquisitivo da economia e abrir espaço para que possa aumentar os seus gastos sem pressionar a capacidade instalada. Trata-se de mais um axioma contraintuitivo derivado da constatação do fato de que o governo não tem restrição financeira. Ao contrário daquilo em que se convencionou acreditar, o governo não tributa visando obter dinheiro para gastar, pois quando gasta sempre cria dinheiro — ou credita as reservas bancárias das suas contrapartes, para dizer de outra forma. Do ponto de vista microeconômico, também a forma como o Estado tributa tem impactos redistributivos e alocativos importantes na economia.

Embora não haja restrição financeira, a combinação dos gastos e das receitas tributárias — a forma como o governo conduz a chamada política fiscal — é da mais alta importância para o bom funcionamento da economia. A preocupação dos formuladores de políticas públicas deve se concentrar não no financiamento das despesas públicas, e sim na qualidade dessas despesas. Essa é a tese originalmente defendida por Aba Lerner, que num artigo pioneiro de 1943, "Functional Finance and the Federal Debt" [Financiamento funcional e a dívida pública], antecipa grande parte das teses da MMT. Do ponto de vista macroeconômico, se o governo gastar mais do que retira da economia através de impostos, estará pressionando a demanda agregada e corre o risco de provocar inflação. A partir dessa perspectiva, tanto os impostos como os gastos governamentais têm impactos redistributivos e alocativos significativos. Não apenas quanto o Estado gasta e tributa, mas sobretudo como gasta e tributa, é da mais alta relevância para o funcionamento da economia. O governo pode gastar mal, inflando os gastos com pessoal, criando uma burocracia incompetente e corporativista, subsidiando empresas improdutivas, mas ao menos em tese também pode gastar direito, investindo de forma competente, na educação, na saúde, na segurança e na infraestrutura.

A analogia do governo com uma família, ou uma empresa, que precisa bater as contas, respeitar o orçamento, pode ser útil em termos políticos, para conter o furor expansionista dos gastos públicos e o ímpeto patrimonialista do Estado, mas é conceitualmente falsa. Tanto os gastos como os impostos cobrados pelo governo têm consequências da mais alta relevância para a economia e a sociedade. Por isso é importante que se faça a análise cuidadosa do orçamento do governo, submetendo as suas receitas e as suas despesas a uma rigorosa análise de custos e benefícios. É preciso submeter essas escolhas à sociedade, tanto dos impostos a serem cobrados como dos gastos a serem feitos pelo governo. O orçamento público é uma peça da mais alta relevância econômica e social, por seus importantes impactos alocativos e distributivos, mas, ao contrário do que muito frequentemente se argumenta, o governo não é como qualquer outro agente na economia, obrigado a equilibrar receitas e despesas.

A dívida pública e as gerações futuras

A mídia e grande parte dos analistas que nela pontificam acreditam que dívida pública é um ônus, a ser arcado pelas gerações futuras, pois exigirá inevitavelmente um aumento dos impostos para pagar juros e amortizações. A noção foi levada ao paroxismo nos modelos macroeconômicos em que se assume a chamada "equivalência ricardiana". O conceito, formulado a princípio por David Ricardo no século xix, foi formalizado por Robert Barro num artigo de 1974, "Are Government Bonds Net Wealth?", segundo o qual o gasto do governo financiado por emissão de dívida não terá impacto sobre a demanda agregada, pois será integralmente compensado pela redução da demanda do setor privado, em antecipação aos aumentos futuros nos impostos para financiar o serviço da dívida.

A análise de Barro, assim como a do modelo macroeconômico neokeynesiano, é instantânea com mercados completos — ou seja, com mercados futuros que se equilibram de forma instantânea, à la Walras-Arrow-Debreu, o modelo de referência da teoria econômica. A Teoria Fiscal do Nível de

Preços (TFNP), desenvolvida nos últimos anos principalmente por Leeper, Sims e Woodford, que analisa de forma explícita a restrição orçamentária intertemporal do governo, ausente das análises macroeconômicas tradicionais —, ao elaborar os argumentos originalmente formulados Barro[1] e os de Sargent e Wallace,[2] chega a algumas conclusões coincidentes com as da Modern Monetary Theory. Entre elas, sustenta que não se pode separar a política monetária da política fiscal, pois as duas não são independentes: moeda também é dívida pública, e todo o passivo financeiro do governo, não apenas a moeda, é relevante para a determinação da demanda agregada privada. Por consequência, também é relevante para a determinação do nível de preços e da inflação. Para a TFNP, a âncora do nível de preços, ou a taxa de inflação, é fiscal. A inflação será estabilizada se o valor presente descontado dos superávits fiscais primários for igual ao valor real do passivo financeiro do governo, composto por moeda e dívida.

Desenvolvida originalmente a partir dos chamados modelos dinâmicos de equilíbrio geral (DSGEM), a TFNP é formalmente pesada, mas sua conclusão está alinhada com a noção de que a dívida pública, inclusive a moeda, precisa estar lastreada em superávits fiscais futuros para que a inflação permaneça ancorada. A TFNP reforça, portanto, a intuição de que o aumento da dívida pública tem um custo fiscal, pois exigirá aumento dos impostos para evitar que a inflação saia de controle. No futuro, a renda disponível para o setor privado — e não a renda nacional, que permanecerá inalterada — deverá ser necessariamente menor, dada a maior carga tributária. A conclusão é logicamente inescapável nos modelos de referência contemporâneos, nos quais os agentes dispõem de vida eterna, ou têm por toda a humanidade do porvir a mesma consideração que demonstram por si mesmos. Mas, como vimos, nos modelos de gerações sobrepostas, se a taxa de juros for inferior à taxa de crescimento, a dívida não tem custo fiscal, pois não há necessidade de aumento dos impostos para o seu carregamento. Desde que o déficit primário seja limitado no tempo — ou seja, não se perpetue —, a relação dívida/PIB irá decrescer sem necessidade de aumento da carga fiscal.

As surpreendentes propriedades do modelo de gerações sobrepostas

No seu artigo seminal de 1958, Paul Samuelson parte de uma afirmação a princípio trivial — "vivemos num mundo onde novas gerações estão sempre chegando" — para analisar a questão das transferências intergeracionais. Um sistema previdenciário de repartição, no qual os jovens trabalham e financiam a aposentadoria dos velhos, é o problema de transferência intergeracional por excelência. O modelo relativamente simples desenvolvido por Samuelson leva a resultados surpreendentes, pois viola o teorema fundamental de bem-estar do modelo canônico de Walras-Arrow-Debreu, que é o pilar conceitual da economia ensinada nas escolas até hoje. Com as gerações sobrepostas, mesmo na ausência de todos os suspeitos conhecidos, como as distorções e as falhas de mercado, um equilíbrio competitivo pode não ser Pareto-eficiente. Para aumentar a perplexidade, a invalidade do teorema de bem-estar no modelo de gerações sobrepostas se dá num arcabouço teórico muito mais plausível e realista do que o dos modelos instantâneos, com agentes vivendo vidas sincronizadas, nos quais o teorema é demonstrado.

Samuelson pressupõe um único bem, que não é estocável, e duas gerações, os jovens e os velhos, que se encontram por apenas um período na vida. As dotações iniciais do único bem, E1 para os jovens e E2 para os velhos, e a taxa de crescimento da população, g, são dadas. Os pesos determinados pelos consumidores à utilidade do consumo quando jovens e quando velhos refletem o grau de impaciência da população. A taxa de juros, que estabelece a razão de troca de chocolate hoje por chocolate amanhã, é o preço através do qual o mercado intergeracional se equilibra. Sem entrar nos detalhes do modelo, a taxa de juros de equilíbrio pode ser mais baixa ou mais alta do que a taxa de crescimento da população, a depender do grau de impaciência dos consumidores. Quando a taxa de juros, r, é superior à taxa de crescimento, g, dada pelo crescimento demográfico, o equilíbrio é Pareto-ótimo, mas, quando a taxa de juros é inferior à taxa de crescimento, o equilíbrio competitivo não é Pareto-ótimo. Quando a taxa de juros é inferior à taxa de crescimento, r < g, uma transferência, †, onde 0 < † < E1, dos jovens para os velhos, melhora o bem-estar de todos em relação ao equilíbrio competitivo de mercado. O resultado é mais genérico do que pode parecer, e continua válido quando se introduz o crescimento da produção ou a possibilidade de estocagem com custo positivo. Há melhora de bem-estar até que a transferência dos jovens para os velhos leve a taxa de juros a ser igual à taxa de crescimento. Nesse caso, quando r = g, tem-se o que Samuelson define como a "taxa biológica de juros", ou a "regra de ouro" de acumulação de capital de Phelps.[3]

Segundo Philippe Weyl, as economias em que r > g são "clássicas", pois têm as propriedades usuais dos equilíbrios competitivos.[4] Já as economias em que r < g são "samuelsonianas", por apresentarem a surpreendente propriedade de que existe uma configuração, imposta pelo "governo", que é superior, em termos de bem-estar, à do equilíbrio competitivo. Nos modelos de gerações sobrepostas, existe um período inicial, mas não existe um período final. É essa assimetria, o fato de que exista um início, mas não um fim do mundo, que permite melhorar o bem-estar em relação ao equilíbrio de mercado quando r < g. Nas palavras do próprio Samuelson, vindas de uma época em que os artigos acadêmicos ainda eram bem escritos e podiam se dar ao luxo de serem bem-humorados: "Precisamos dar à humanidade um começo... Deveríamos também dar à humanidade um fim? Até o Senhor descansou depois do começo, portanto, enfrentemos um problema de cada vez e suponhamos que os nascimentos continuem para sempre".

A explicação intuitiva para o teorema do bem-estar ser invalidado no caso de economias samuelsonianas, ou para ser possível melhorar em relação ao equilíbrio competitivo de mercado, é que, enquanto houver futuro, existe a possibilidade de empurrar para a frente uma transferência, ou uma dívida, que melhore o bem-estar hoje. Dívidas da sociedade consigo mesma não precisam ser pagas e não drenam recursos. As economias ilimitadas no tempo têm recursos de que as economias estáticas não dispõem. O talento de Samuelson foi demonstrar, num modelo simples, que o teorema de bem-estar das economias competitivas estáticas é um caso especial das economias com vida infinita. E, afinal, como discordar do maior realismo dos modelos que assumem que "vivemos num mundo onde novas gerações estão sempre chegando"? Como escreve Weyl:

> não é o modelo de gerações sobrepostas, com sua riqueza de propriedades de bem-estar, que é um modelo simplista, e sim o modelo de Ramsey-Cass-Koopmans, carro-chefe da macroeconomia moderna, ao pressupor que nenhuma nova geração jamais apareça, pois os agentes futuros são todos parte integrante das famílias preexistentes.

Os resultados de equivalência ricardiana, como os obtidos por Barro, dependem da hipótese de que a atual geração tem pelas gerações futuras, ou pelos imigrantes que vierem a chegar, a mesma consideração que demonstra por si mesma. Essa hipótese, que garante que a taxa de juros seja sempre superior a taxa de crescimento nos modelos instantâneos, é evidentemente menos realista e muito mais restritiva do que a do modelo de gerações sobrepostas.

O modelo de gerações sobrepostas de Samuelson é o arcabouço teórico ideal para analisar questões relativas a transferências intergeracionais, como um sistema previdenciário de repartição e o custo da dívida pública para as gerações futuras. Suas conclusões são inequívocas: se a taxa de juros for inferior à taxa de crescimento, o sistema previdenciário de repartição e a dívida pública aumentam o bem-estar. No caso do sistema previdenciário, se a taxa de crescimento da população cair e ficar abaixo da taxa de juros, haverá uma deterioração do bem-estar. A criação de um sistema de repartição aumenta o bem-estar quando $r < g$, mas, se a taxa de crescimento cai e fica abaixo da taxa de juros, há uma inevitável perda de bem-estar. Como observa Weyl, os sistemas de repartição são um exemplo claro da dificuldade da formulação de políticas públicas nas democracias, pois faz sentido criá-los quando as taxas de crescimento são altas, mas, uma vez estabelecidos, são praticamente impossíveis de serem abandonados se em algum momento as taxas de crescimento vierem a ficar abaixo da taxa de juros.

O problema do custo da dívida pública, como analisado por Diamond, levanta questões muito semelhantes à da previdência. O aumento da dívida aumenta o bem-estar da atual geração e pode deteriorar o bem-estar das gerações futuras. Na linha de Barro, a dívida aumenta o consumo e reduz o investimento no presente. A redução da relação entre capital e trabalho aumenta a taxa de juros. O bem-estar irá aumentar até que a taxa de juros iguale a taxa de crescimento, situação em que se terá o melhor dos mundos. Nesse contexto, o da "regra de ouro", desde que não tenha déficit primário, o governo será capaz de refinanciar a dívida, geração após geração, sem que jamais seja necessário aumentar os impostos. Como observa Weyl, o Estado terá se livrado da restrição orçamentária intertemporal a que todos os agentes individuais estão sujeitos. O resultado é surpreendente porque, nessas circunstâncias, a dívida pública é equivalente às conhecidas "correntes" financeiras, um esquema Ponzi: seu emissor, o governo, é insolvente no sentido financeiro, pois o valor da dívida excede o valor presente redescontado dos superávits futuros. Ou seja, apesar de violar a condição exigida na Teoria Fiscal do Nível de Preços, a dívida é perfeitamente sustentável. A solvência intertemporal financeira do governo, que segundo a TFNP é condição para que a inflação permaneça ancorada, não vale para as economias samuelsonianas, nas quais a taxa de juros é inferior à taxa de crescimento.

O modelo de gerações sobrepostas permite reconciliar a aparentemente irreconciliável visão da macroeconomia tradicional com as teses defendidas pela Moderna Teoria Monetária. Não se trata, como pode parecer, de uma nova Babel. Enquanto a macroeconomia tradicional raciocina com a economia estática, os proponentes da MMT têm em mente, não necessariamente de forma deliberada, o caso samuelsoniano dos modelos de gerações sobrepostas, no qual a taxa de juros é inferior à taxa de crescimento. A novidade da apresentação de Blanchard na AEA de 2019 não é, portanto, teórica, mas empírica. Ao demonstrar que a taxa de juros da dívida pública norte-americana sempre foi inferior à taxa de crescimento, com exceção de um breve período no início da década de

1980, Blanchard deixa claro que as questões relativas à dívida pública dos Estados Unidos devem ser analisadas não no contexto de uma economia clássica, e sim no de uma economia samuelsoniana. A razão nas questões de políticas públicas, em relação aos déficits e à dívida, está com Mosler e os defensores da MMT: o Estado não está sujeito a restrição financeira, e a dívida não é um fardo para as gerações futuras.

O caso brasileiro e o juro da dívida pública

Hoje há um entendimento quase unânime entre os analistas de que a reforma da Previdência é condição indispensável para o reequilíbrio das contas públicas e a retomada do crescimento. Conforme vimos, de fato se trata da condição de sustentabilidade da dívida pública se a taxa de juros for superior ao crescimento. Como se sabe, a taxa de juros no Brasil foi, desde a estabilização da inflação com o Plano Real e até pouquíssimo tempo, uma das mais altas do mundo, a ponto de causar perplexidade internacional. Conjecturas como a da "incerteza da jurisdição", que apresentei em parceria com Arida e Bacha,[5] assim como a de "dominância fiscal", levantada originalmente pelo próprio Blanchard,[6] procuram explicar as razões de uma taxa de juros tão alta. Como se pode observar no gráfico a seguir, a taxa real de juros esteve sempre acima da taxa de crescimento desde a implementação do Plano Real, em 1994, até hoje.

As taxas de juros na economia sofrem influência de uma multiplicidade de fatores. Risco de crédito, prazo do financiamento, cartelização bancária, entre muitos outros, fazem com que haja uma infinidade de taxas de juros na economia. Quanto à taxa básica, aquela que remunera as reservas bancárias, entretanto, não há discordância: é determinada única e exclusivamente pelo banco central. A taxa de juros sobre as reservas bancárias é o instrumento por excelência da política monetária. A taxa de juros da dívida pública, ou da totalidade do passivo financeiro do setor governamental, que inclui as reservas bancárias e o papel-moeda em poder do público, enquanto este último continuar a existir, é superior à taxa básica. É a taxa que Blanchard calcula para a sua palestra na AEA, pois é efetivamente a mais relevante para o cálculo do custo financeiro da dívida. Como o governo procura vender dívida pública com prazos e características diferentes, há toda uma estrutura de taxas de juros da dívida, que, embora balizada pelo piso determinado pela taxa básica, sofre influência de inúmeros outros fatores.

Era a visão quantitativista — a crença de que haveria uma demanda por um estoque limitado de moeda, segundo a qual

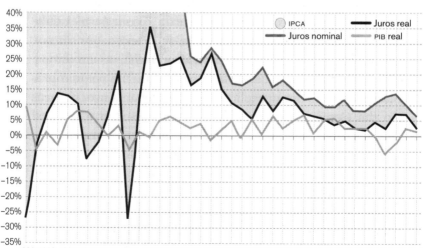

FONTE: Elaborado pelo autor com base em dados do IBGE e do Banco Central.

CONSENSO E CONTRASSENSO: DÉFICIT, DÍVIDA E PREVIDÊNCIA

a emissão seria inflacionária — que obrigava o financiamento do governo a ser feito através da emissão de dívida com prazo mais longo e juros de mercado. Como ficou definitivamente demonstrado com o experimento do QE nos países desenvolvidos, o quantitativismo estava equivocado. A expansão monetária não provoca inflação. Pode provocar uma alta especulativa dos preços de ativos que, quando revertida, contrai de forma súbita e drástica a liquidez e pode levar a crises financeiras se o banco central não intervier comprando ativos para emitir reservas. É a insuficiência de moeda que causa problema, não o seu excesso. Desde que o poder de compra da moeda seja preservado, sem ser corroído pela inflação, a demanda pela moeda é praticamente infinita. Dizendo de outra forma: a demanda por reservas bancárias é de uma elasticidade infinita a uma taxa básica de juros igual ou superior à inflação. A prova empírica cabal dessa afirmação é o experimento do QE.

Como a demanda por reservas bancárias remuneradas à taxa básica é infinitamente elástica, o governo pode financiar a integralidade do seu passivo — ou seja, toda a dívida pública — à taxa básica, emitindo reservas bancárias. A criação de uma moeda digital do banco central, combinada com o acesso de todos, não restrito aos bancos, às contas desse banco central, eliminaria também os custos da intermediação bancária na emissão de moeda remunerada. Hoje o Banco Central do Brasil já financia praticamente a metade da sua dívida à taxa básica, através das LFTS e das chamadas "operações compromissadas". As operações compromissadas exigem que o Banco Central tenha dívida pública em seu balanço, para lastrear a operação de venda com recompra, o que, além de deixar a desejar em termos de transparência, é um complicador da sua relação com o Tesouro. Por sua vez, as LFTS, emitidas com prazos desnecessariamente longos, carregam

85

um prêmio que, embora muito pequeno, onera o custo da dívida em relação à taxa básica.

Algumas considerações adicionais

O entendimento de que a moeda é essencialmente um índice, a unidade contábil oficial para o balanço dos ativos e passivos do governo com a sociedade, é mais desorganizador das concepções macroeconômicas estabelecidas do que se poderia supor. Trata-se da visão cartalista retomada pela Moderna Teoria Monetária, em oposição à visão metalista/ quantitativista predominante até a última década do século xx. A moeda contemporânea não é, como supunha o quantitativismo, um estoque exógeno de um ativo de alta liquidez, cuja demanda é proporcional à renda nominal, e sim, como entendeu Knapp, um índice contábil oficial de ativos e passivos entre o governo e a sociedade, que passa a ser também adotado pelos agentes privados. A moeda é a unidade de valor do placar da atividade econômica. O valor total do placar é, portanto, uma decorrência, e não um determinante, da atividade econômica. A moeda é endógena, criada e destruída sem depender da ação do banco central.

O governo não precisa adquirir moeda para gastar, mas obrigatoriamente cria moeda ao fazê-lo. O Estado não está sujeito a uma restrição financeira como os demais agentes econômicos, e sim apenas às limitações da capacidade produtiva da economia. Do ponto de vista macroeconômico, os impostos são cobrados não para financiar os gastos do governo, mas para abrir espaço para esses dispêndios sem que haja pressão excessiva sobre a capacidade produtiva. A distinção é mais importante do que parece, pois só há necessidade de tributar quando não há es-

86

paço na capacidade produtiva da economia para acomodar o gasto público. Se a economia tem capacidade ociosa, não há por que tributar para financiar gastos públicos. Essa é a conclusão lógica do cartalismo, que confirma a intuição dos que sustentam que a política monetária pode evitar uma depressão, como o QE de fato foi capaz de fazer, mas só a política fiscal pode levar à recuperação da atividade econômica.

O modelo de gerações sobrepostas de Samuelson demonstra que, quando a taxa de juros é inferior à taxa de crescimento, o equilíbrio competitivo de mercado não é Pareto-eficiente. O aumento da dívida melhora o bem-estar. Trata-se de um resultado que foi sempre intelectualmente intrigante, mas que, com as atuais taxas de juros baixíssimas nos países desenvolvidos, tem implicações práticas para as políticas públicas. Ao coletar evidência de que a taxa de juros da dívida pública norte--americana, com a exceção do início dos anos 1980, sempre foi inferior à taxa de crescimento, Blanchard dá à tese em favor da política fiscal expansionista um caráter menos conjuntural. Não são apenas as baixíssimas taxas de juros hoje observadas nas economias avançadas que justificam o uso da política fiscal. O único argumento passível de ser levantado contra a política fiscal expansionista é o da eventualidade de, no futuro, a taxa de juros vir a se tornar superior à taxa de crescimento. A dívida pública passaria então a ter custo fiscal e poderia se tornar insustentável. Essa preocupação pressupõe que a taxa de juros sobre a dívida pública não está sob o controle do governo ou, mais especificamente, do banco central. Na prática, porém, como é reconhecido pela teoria macroeconômica contemporânea, a taxa de juros básica da economia é determinada, sim, pelo banco central.

Dois contra-argumentos costumam ser levantados em relação à tese de que o custo da dívida está sob controle do banco central. O primeiro é que a taxa de juros da dívida não coincide com a taxa básica, pois incorpora prêmios de liquidez e risco. Embora exista efetivamente um prêmio de liquidez sobre a dívida longa, a taxa básica é o principal determinante do custo da dívida. Mesmo quando o governo insiste em manter um perfil de endividamento de maior prazo, é a taxa básica que determina o custo da dívida. Já um eventual prêmio de risco sobre a dívida pública, denominada em moeda nacional, é um equívoco conceitual dos investidores sempre pautados pelo consenso, mas que pode ter implicações práticas. Em casos extremos, o prêmio de risco pode levar o custo da dívida a superar a taxa de crescimento e torná-la fiscalmente insustentável. Os casos de "dominância fiscal" e de "equilíbrios múltiplos" são complicações decorrentes dos prêmios de risco muito altos.

O segundo contra-argumento é que, embora a taxa básica esteja sob controle do banco central, trata-se de um instrumento de política monetária, que deve ser fixada para estimular ou desestimular a demanda agregada com o objetivo de manter a inflação dentro das metas. O banco central não teria, portanto, liberdade para fixar a taxa básica sempre abaixo da taxa de crescimento sem comprometer as metas para a inflação. A pressão inflacionária poderia exigir que a taxa básica fosse fixada acima da taxa de crescimento. De fato, não se pode usar um único instrumento, a taxa básica, para atender a dois objetivos: manter a inflação dentro das metas e o custo da dívida abaixo da taxa de crescimento.

A tese cartalista da MMT é a de que as políticas monetária e fiscal não são independentes. Se a demanda agregada pressiona a inflação, a resposta correta é fazer uma política fiscal contracionista, cortando os gastos ou elevando os impostos. A taxa de juros deve ser fixada com o objetivo de maximizar o investimento e o crescimento, o bem-estar da economia. Como demonstram a "taxa de juros biológica" de Samuelson e a "regra de ouro" de Phelps, a taxa de juros que maximiza o bem-estar é igual à taxa de crescimento. A taxa básica de juros deve ser, portanto, fixada sempre abaixo da taxa de crescimento da economia, que no longo prazo, em *steady state*, coincide com a taxa de retorno real, ou a taxa "natural" de juros. Se a taxa básica de juros for fixada acima da taxa de crescimento, torna-se a dívida fiscalmente onerosa e provoca-se uma queda da relação entre capital e trabalho, e ambos os fatores levam a uma perda de bem-estar. Fixar a taxa de juros acima da taxa de crescimento de longo prazo para controlar a inflação é um grave equívoco. Se a demanda agregada estiver pressionando excessivamente a capacidade instalada, ao contrário do consenso estabelecido, não se deve acionar a política monetária, e sim a política fiscal. Se a inflação persiste, apesar da capacidade ociosa e do desemprego, o problema está nas expectativas, que, como hoje se sabe, quando bem ancoradas, são muito mais estáveis e insensíveis à demanda agregada do que se supunha.

Quando o banco central fixa a taxa básica de juros acima da taxa de crescimento, além de comprometer a sustentabilidade da dívida pública, provoca a redução do investimento e uma queda de bem-estar. Nesse caso, a conclusão é perfeitamente compatível com o consenso estabelecido. A diferença é que o consenso não vê alternativa, considera que a taxa de juros pode ter que ficar acima da taxa de crescimento para manter a inflação sob controle. A visão cartalista da MMT compreende que o excesso de demanda deve ser necessariamente controlado através da política fiscal. Quando eleva a taxa de juros acima da taxa de crescimento, a política monetária, além de pouco eficiente, como indica o desaparecimento da Curva de Phillips, tem alto custo fiscal e de bem-estar. A política monetária deve

se pautar pela garantia da estabilidade financeira e do crescimento de longo prazo. Essa tese coincide com o argumento de
Borio, segundo o qual a política de juros do banco central tem
pouca influência sobre a taxa de inflação, que é mais estável do
que se supõe, e muita sobre a taxa real de juros da economia. É
a tese inversa à da chamada hipótese neofisheriana, levantada
originalmente por John Cochrane em 2016, segundo a qual a
taxa real de juros é dada no longo prazo e a taxa nominal fixada
pelo banco central determina a inflação.

A taxa de juros básica fixada pelo banco central pode e
deve ser sempre inferior à taxa de crescimento. A "regra de
ouro", tanto dos modelos de Ramsey-Cass-Koopmans como
dos modelos de gerações sobrepostas, sugere que deva ser
igual à taxa de crescimento de longo prazo. Nesse caso, tem-
-se o melhor dos mundos. A relação entre capital e trabalho convergirá para aquela que maximiza o bem-estar e a
dívida não tem custo fiscal, podendo sempre ser carregada
sem aumento de impostos, desde que o déficit primário não
seja permanente. O governo pode melhorar o bem-estar em
relação ao equilíbrio competitivo, gastando ou investindo,
desde que não pressione os limites da capacidade produtiva.

Implicações para as políticas públicas

Muitas das questões aparentemente inexplicáveis das últimas
décadas ficam mais claras quando analisadas através do arcabouço conceitual da Moderna Teoria Monetária. A deflação
japonesa, por exemplo, apesar da extraordinária expansão
monetária das últimas décadas e de uma relação dívida/ PIB
considerada insustentável, se torna compreensível. O mesmo
vale para a surpreendente resiliência da baixa inflação norte-

-americana, apesar de uma inusitada expansão monetária promovida pelo experimento do QE. É possível compreender também o fenômeno da economia da China, com as suas altíssimas taxas de crescimento, lideradas pelo investimento público e acompanhadas de um endividamento considerado insustentável pelos critérios convencionais.

A compreensão de que a moeda fiduciária contemporânea não é um estoque finito, pelo qual há oferta e demanda, e sim um índice da atividade econômico-financeira, tem implicações subversivas para o paradigma macroeconômico estabelecido. Suas conclusões e recomendações, apesar da sólida sustentação teórica e da farta evidência empírica, contradizem o consenso. Por isso estão fadadas a ser mal interpretadas, a causar perplexidade e a provocar controvérsia. Correm o risco de ser apropriadas pelo populismo para justificar o gasto público demagógico e o Estado patrimonialista. A analogia entre o governo e todos os demais agentes na economia — como famílias e empresas, obrigadas a respeitar as suas restrições financeiras —, embora não seja verdadeira, é um poderoso instrumento retórico. Afirmar que os gastos públicos são financiados pelo "o seu, o meu, o nosso" dinheiro é incorreto, mas cala fundo em quem paga seus impostos, e exerce um papel importante tanto para moderar a sanha populista pela gastança como para exigir que os gastos públicos sejam submetidos a critérios objetivos de custos e benefícios. Essas são as razões por que as teses aqui expostas tendem a ser rejeitadas, antes mesmo de analisadas, pelos mais conservadores. Não podem, entretanto, deixar de ser enunciadas, pois, se bem compreendidas, ajudarão a formar um novo paradigma para a formulação de políticas macroeconômicas.

3
Uma armadilha conceitual[*]

A crise da macroeconomia

A TEORIA MACROECONÔMICA ESTÁ EM CRISE. A realidade, sobretudo a partir da crise financeira de 2008 nos países desenvolvidos, mostrou-se incompatível com a teoria convencionalmente aceita. O arcabouço conceitual que sustenta as políticas macroeconômicas está prestes a ruir. O questionamento da ortodoxia começou com alguns focos de inconformismo na academia. Só depois de muita resistência e controvérsia, extravasou os limites das escolas. Embora ainda não tenha chegado ao Brasil, sempre a reboque, nos países desenvolvidos, sobretudo nos Estados Unidos, já está na política e na mídia.

A nova macroeconomia que começa a ser delineada é capaz de explicar fenômenos incompatíveis com o antigo paradigma. É o caso, por exemplo, da renitente inflação abaixo das metas nas economias avançadas, mesmo depois de um inusitado aumento da base monetária. Permite compreender

---

[*] Publicado originalmente pelo jornal *Valor Econômico*, em 8 mar. 2019.

como é possível que a economia japonesa carregue uma dívida pública acima de 200% do PIB, com juros próximos de zero, sem nenhuma dificuldade para o seu refinanciamento. Ajuda a explicar o rápido crescimento da economia chinesa, liderado por um extraordinário nível de investimento público e com alto endividamento. Em relação à economia brasileira, dá uma resposta à pergunta que, há mais de duas décadas, causa perplexidade: como explicar que o país seja incapaz de crescer de forma sustentada e continue estagnado, sem ganhos de produtividade, há mais de três décadas?

No artigo "Consenso e contrassenso: Déficit, dívida e previdência", procuro ligar alguns pontos que podem vir a consolidar um novo paradigma macroeconômico. Como foi escrito com o objetivo de embasar a argumentação na literatura econômica, pode exigir do leitor conhecimentos específicos e ser mais técnico do que seria desejável. Por isso volto ao tema, de forma menos técnica, para dar ideia desse novo arcabouço macroeconômico e de suas implicações para a realidade brasileira. As conclusões são surpreendentes, muitas vezes contraintuitivas, irão provocar controvérsia e correm o risco de ser politicamente mal interpretadas.

Não tenho a intenção de responder, nem seria possível, às inúmeras dúvidas e perguntas que irão inevitavelmente assolar o leitor. Ao fazer um resumo esquemático das teses que compõem as bases de um novo paradigma macroeconômico, pretendo apenas estimular o leitor a refletir e a procurar se informar sobre a verdadeira revolução que está em curso na macroeconomia. É da mais alta relevância para compreender as razões da estagnação da economia brasileira. Na literatura econômica fala-se numa Armadilha da Renda Média, constituída por forças que impediriam, uma vez superado o subdesenvolvimento, que se chegue finalmente aos padrões dos países mais desenvolvidos. Há razões para crer que não se trata de uma armadilha objetiva, mas sim conceitual.

Os pilares de um novo paradigma

O primeiro pilar do novo paradigma macroeconômico, a sua pedra angular, é a compreensão de que moeda fiduciária contemporânea é essencialmente uma unidade de conta. Assim como o litro é uma unidade de volume, a moeda é uma unidade de valor. O valor total da moeda na economia é o placar da riqueza nacional. Como todo placar, a moeda acompanha a evolução da atividade econômica e da riqueza. No jargão da economia, diz-se que a moeda é endógena, criada e destruída à medida que a atividade econômica e a riqueza financeira se expandem ou se contraem. A moeda é em sua essência uma unidade de referência para a contabilização de ativos e passivos. Sua expansão ou contração é consequência, e não causa, do nível da atividade econômica. Essa é a tese que defendo no meu livro *Juros, moeda e ortodoxia*, de 2017.

Moeda e impostos são indissociáveis. A moeda é um título de dívida do Estado que serve para cancelar dívidas tributárias. Como todos os agentes na economia têm ativos e passivos com o governo, a moeda se transforma na unidade de contabilização de todos os demais ativos e passivos na economia. A aceitação da moeda decorre do fato de poder ser usada para quitar impostos.

O segundo pilar é um corolário do primeiro: dado que a moeda é uma unidade de conta, um índice oficial de ativos e passivos, o governo que a emite não tem restrição financeira. O Estado nacional que controla a sua moeda não tem necessidade de levantar fundos para se financiar, pois, ao efetuar pagamentos, automática e obrigatoriamente cria moeda, assim como, ao receber pagamentos, também de maneira automática e obrigatória destrói moeda. Como não precisa respeitar uma restrição financeira, a única razão macroeconômica para o governo cobrar impostos é reduzir a despesa do setor privado e abrir espaço para os seus gastos, sem pressionar a capacidade de oferta da economia. O governo não tem limitações financeiras, mas é obrigado a respeitar a restrição da realidade, sob pena de pressionar a capacidade instalada, provocar desequilíbrios internos e externos e criar pressões inflacionárias.

O terceiro pilar é a constatação de que os bancos centrais fixam a taxa de juros básica da economia, que determina o custo da dívida pública. Desde os anos 1990, sabe-se que os bancos centrais não controlam a quantidade de moeda, nenhum dos chamados "agregados monetários", e sim a taxa de juros. O principal instrumento de que dispõe o banco central para o controle da demanda agregada é a taxa básica de juros.

O quarto pilar é a constatação de que uma taxa de juros da dívida inferior à taxa de crescimento da economia tem duas implicações importantes. A primeira é que a relação dívida/PIB irá decrescer a partir do momento em que o déficit primário — aquele que exclui os juros da dívida — for eliminado, sem necessidade de nenhum aumento da carga tributária. Portanto, se a taxa de juros, controlada pelo banco central, for fixada sempre abaixo da taxa de crescimento, a dívida pública irá decrescer, sem custo fiscal, a partir do momento em que o déficit primário for eliminado. Trata-se de um resultado trivial e mais robusto do que parece, pois independe do nível atingido pela relação dívida/PIB, da magnitude dos déficits e da extensão do período em que há déficits. A segunda implicação, tecnicamente mais sofisticada, é que será possível aumentar o bem-estar de todos em relação ao equilíbrio competitivo através do endividamento público. Em termos técnicos, diz-se que o equilíbrio competitivo não é eficiente no sentido de Pareto. Sobre esses quatro pilares, acrescenta-se o que foi aprendido sobre a inflação nas últimas três décadas. Ao contrário do que se acreditou por muito tempo, a moeda não provoca inflação, que é essencialmente uma questão de expectativas, porque expectativas de inflação provocam inflação. Elas se formam das maneiras mais diversas, dependem das circunstâncias, e os economistas não têm ideias precisas sobre como são estabelecidas. A pressão excessiva da demanda agregada sobre a capacidade instalada cria expectativas de inflação, mas não é condição necessária para a existência de expectativas inflacionárias. Alguns preços, como salários, câmbio e taxas de juros, funcionam como sinalizadores para a formação das expectativas. Se o banco central tiver credibilidade, as metas anunciadas para a inflação também serão um sinalizador importante. Uma vez ancoradas, as expectativas são muito estáveis. A inflação tende a ficar no patamar em que sempre esteve. Por isso é tão difícil, como sempre se soube, reduzir uma inflação que está acima da desejada. Depois da grande crise financeira de 2008, ficou claro que é igualmente difícil elevar uma inflação abaixo da desejada.

Nova ideias, antigas raízes

Embora grande parte das teses do novo paradigma contradigam o consenso econômico-financeiro, não são novas. Têm raízes em ideias esquecidas, submersas pela força das ideias estabelecidas e repetidas de forma incessante. A tese de que a moeda é em sua essência uma unidade de conta, cuja aceitação deriva da possibilidade de usá-la para pagar impostos, é de 1905. Foi originalmente formulada pelo economista alemão Georg F. Knapp no livro *Staatliche Theorie des Geldes* [Teoria Estatal da Moeda]. Ficou conhecida como "cartalismo" e foi retomada recentemente pelos proponentes da chamada Moderna Teoria Monetária, mais conhecida pela sigla MMT (do inglês Modern Money Theory).

Já a tese de que o governo que emite a sua própria moeda não tem restrição financeira, portanto não precisa equilibrar receitas e despesas, é de 1943. Seu autor, Abba Lerner, foi um economista que nasceu na Bessarábia (como Clarice Lispector), estudou na Inglaterra e deu contribuições de grande relevância para os mais diversos campos da teoria econômica. No ensaio "Functional Finance and the Federal Debt" [Finanças funcionais e a dívida federal], Lerner enuncia os princípios que devem guiar o governo no desenho da política fiscal. Segundo ele, os déficits fiscais podem e devem sempre ser usados para garantir o pleno emprego e o estimular o crescimento.

A primeira prescrição de Lerner, a sua "primeira lei das finanças funcionais", é macroeconômica: o governo deve sempre usar a política fiscal para manter a economia no pleno emprego e estimular o crescimento. A única preocupação quanto à aplicação dessa prescrição deve ser com os limites da capacidade de oferta da economia, que não podem ser ultrapassados, sob pena de provocar desequilíbrios internos e externos e criar pressões inflacionárias. A segunda prescrição, ou a "segunda lei das finanças funcionais", é microeconômica: os impostos e os gastos do governo devem ser avaliados segundo uma análise objetiva de custos e benefícios, nunca sob o prisma financeiro.

Todo banqueiro central com alguma experiência prática na condução da política monetária sabe que o banco central controla na prática a taxa de juros básica da economia. Os mais atualizados sabem ainda que, desde que não haja pressão sobre a capacidade de oferta, é possível criar qualquer quantidade de moeda remunerada sem provocar inflação. Trata-se de um poder tão extraordinário que convém a todos, para evitar pressões políticas espúrias, continuar a sustentar a ficção de que o banco central deve controlar, e que de fato controla, a quantidade de moeda.

Já o fato de que o Estado — desde que emita a sua própria moeda — não está submetido a nenhuma restrição financeira é bem menos compreendido. Talvez porque seja profundamente contraintuitivo, dado que todo e qualquer outro agente — as empresas, as famílias, os governos estaduais e municipais — está obrigado a respeitar o equilíbrio entre receitas e despesas, sob pena de se tornar inadimplente.

Quando se compreende a proposição de que a moeda é um índice da riqueza na economia, que sua expansão não provoca inflação e o seu corolário, que o governo que a emite não tem restrição financeira, há uma mudança de Gestalt. A compreensão da lógica da especificidade dos governos que emitem sua moeda provoca uma sensação de epifania que subverte todo o raciocínio macroeconômico convencional.

Toda mudança de percepção que desconstrói princípios estabelecidos de início é perturbadora, mas, uma vez incorporada, abre as portas para o avanço do conhecimento. Como observou o prêmio Nobel de física e gênio inconteste Richard Feynman num artigo de 1955, "The Value of Science" [O valor da ciência], o conhecimento pode tanto ser a chave do paraíso como a dos portões do inferno. É fundamental que essa mudança de percepção seja corretamente interpretada para a formulação de políticas públicas. Assim como Ivan Karamázov concluiu que, se Deus não existe, tudo é permitido, de forma menos angustiada e mais afoita, não faltarão políticos para concluir que, se o governo não tem restrição financeira, tudo é permitido.

Do ponto de vista macroeconômico, se o governo gastar mais do que retira da economia via impostos estará aumentando a demanda agregada. Quando a economia estiver perto do pleno emprego, corre o risco de causar desequilíbrios e provocar pressões inflacionárias. Do ponto de vista microeconômico, a política fiscal tem impactos alocativos e redistributivos importantes. Embora o governo não esteja sempre obrigado a equilibrar receitas e despesas, a forma como o governo conduz a política fiscal é da mais alta importância para o bom funcionamento da economia e o bem-estar da sociedade. A preocupação dos formuladores de políticas públicas não deve ser a de viabilizar o financiamento dos gastos, mas a qualidade tanto das despesas como das receitas do governo. A decisão de como tributar e gastar não deve levar em consideração o equilíbrio entre receitas e despesas, e sim o objetivo de aumentar a produtividade e a equidade.

Por isso, é fundamental não confundir a inexistência de restrição financeira com a supressão da noção de custo de oportunidade. O governo continua obrigado a avaliar custos e benefícios microeconômicos de seus gastos. Um governo que equilibra o seu orçamento, mas gasta mal e tributa muito, é incomparavelmente mais prejudicial do que um governo deficitário, mas que gasta bem e tributa de forma eficiente e equânime, sobretudo quando a economia está aquém do pleno emprego.

É possível argumentar que seria melhor não desmontar a ficção de que os gastos públicos são financiados pelos impostos, com "o seu, o meu, o nosso dinheiro", para criar uma resistência da sociedade às pressões espúrias por gastos públicos. Afinal, pressões políticas, populistas e demagógicas por mais gastos nunca hão de faltar. O problema é que, quando se adota um raciocínio torto, ainda que com a melhor das intenções, chega-se a conclusões necessariamente equivocadas.

Uma armadilha brasileira

Desde o início dos anos 1990, a taxa real de juros no Brasil foi sempre muito superior à taxa de crescimento da economia. Só entre 2007 e 2014 a taxa real de juros ficou apenas ligeiramente acima da taxa de crescimento. A partir de 2015, quando a economia entrou na mais grave recessão de sua história, com queda acumulada em três anos de quase 10% da renda per capita, a taxa real de juros voltou a ser muito mais alta do que a taxa de crescimento. A economia cresceu apenas 1,1% ao ano em 2017 e 2018. Hoje, com a renda per capita ainda 5% abaixo do nível de 2014, com o desemprego acima de 12% e grande capacidade ociosa, a taxa real de juros ainda é mais do dobro da taxa de crescimento. Como não poderia deixar de ser, a relação dívida/PIB tem crescido e se aproxima de níveis considerados insustentáveis pelo consenso macrofinanceiro.

O diagnóstico não depende do arcabouço macroeconômico adotado, é claro e irrefutável: as contas públicas estão em desequilíbrio crescente, e a relação dívida/PIB vai continuar a crescer e superar os 100% em poucos anos. Já o desenho das políticas a ser adotadas para sair da situação em que nos encontramos é bem diferente caso se adote a visão macroeconômica convencional ou um novo paradigma. O velho consenso exige o corte das despesas, a venda de ativos estatais, a reforma da Previdência e o aumento dos impostos para reverter o déficit público e estabilizar a relação dívida/PIB. É o roteiro do governo Bolsonaro sob a liderança do ministro Paulo Guedes.

A partir de um novo paradigma, compreende-se que o equívoco vem de longe.

A inflação brasileira tem origem na pressão excessiva sobre a capacidade instalada dos anos 1950 aos 1980, um período de esforço desenvolvimentista. Foi agravada pelo choque do petróleo na primeira metade da década de 1970, quando adquiriu uma dinâmica própria, alimentada pela indexação e pelas expectativas desancoradas. Altas taxas de inflação crônica têm uma forte inércia e não podem ser revertidas apenas através do controle da demanda agregada, com objetivo de provocar desemprego e capacidade ociosa. Para quebrar a inércia é preciso um mecanismo de coordenação das expectativas. No Plano Real, esse mecanismo foi a URV, uma unidade de conta sem existência física, corrigida todos os dias pela inflação corrente.

A URV foi uma unidade de conta oficial virtual, com poder aquisitivo estável, uma moeda plena na acepção cartalista, que viabilizou a estabilização da inflação brasileira. Quando foi introduzida, a economia não crescia, havia desemprego e capacidade ociosa. A causa da inflação não era mais o gasto público nem o excesso de demanda. Quando se compreende que o governo emissor não tem restrição financeira, fica claro que não havia necessidade de equilibrar as contas públicas para garantir a estabilidade da moeda. A criação do Fundo de Estabilização Social e a posterior aprovação da Lei de Responsabilidade Fiscal apenas satisfizeram as exigências do consenso macroeconômico e financeiro da época.

Como se acreditava na necessidade de equilíbrio financeiro do governo, para garantir a consolidação da estabilização, a carga tributária foi sistematicamente elevada. Chegou a 36% da renda, comparável às das mais altas entre as economias desenvolvidas. Durante os governos do PT, a opção demagógica pelo aumento dos gastos com pessoal e por grandes obras, turbinadas pela corrupção e sem nenhuma avaliação de custo e benefícios, combinada com a ortodoxia do Banco Central, aprofundou o desequilíbrio das contas públicas. O quadro foi agravado pela rápida queda do crescimento demográfico e do aumento da expectativa de vida, que tornou a Previdência cada vez mais deficitária.

Uma vez feita a transição da URV para o real, teria sido necessário manter uma âncora coordenadora das expectativas. Retrospectivamente, o correto teria sido adotar um regime de metas inflacionárias, para balizar as expectativas, o que só veio a ser adotado no segundo governo FHC. A escolha à época foi por dispensar um mecanismo coordenador das expectativas e confiar nas políticas monetária e fiscal contracionistas. Optou-se por combinar uma política de altíssimas taxas de juros com a austeridade fiscal. O resultado foi mais de duas décadas de crescimento desprezível, colapso dos investimentos públicos, uma infraestrutura subdimensionada e anacrônica, estados e municípios estrangulados, incapazes de prover os serviços básicos de segurança, saneamento, saúde e educação. Mas, como não vale a pena chorar sobre o leite derramado, passemos às políticas a adotar para sair da armadilha em que nos encontramos, com base no novo arcabouço conceitual macroeconômico.

Reformas voltadas para o futuro

Comecemos pela questão que ocupa as manchetes, a reforma da Previdência. Sim, uma reforma da Previdência é necessária, não porque seja deficitária, mas porque é corporativista e injusta e porque o aumento da expectativa de vida exige a revisão da idade mínima. O déficit do sistema previdenciário, como todo déficit público, não precisa ser eliminado se a taxa de juros for inferior à taxa de crescimento. Como estamos com alto desemprego, significativamente abaixo da plena utilização da capacidade instalada e com expectativas de inflação ancoradas, o objetivo primordial das "reformas" deve ser estimular o investimento e a produtividade.

Em paralelo à reforma da Previdência, deve-se fazer uma profunda reforma fiscal segundo os preceitos das finanças funcionais de Abba Lerner. O objetivo da reforma tributária não deve ser maximizar a arrecadação, mas simplificar, desburocratizar, reduzir o custo de cumprir as obrigações tributárias, para estimular os investimentos e facilitar a iniciativa privada. Enquanto não houver pressão excessiva sobre a oferta e sinais de desequilíbrio externo, a carga tributária deve ser significativamente menor.

A taxa básica de juros deveria ser reduzida, acompanhada do anúncio de que, a partir de agora, seria sempre fixada abaixo da taxa nominal de crescimento da renda. Simultaneamente, deveria ser promovida a modernização do sistema monetário, substituindo as LFTs e as chamadas operações compromissadas, que hoje representam metade da dívida pública, por depósitos remunerados no Banco Central. Além disso, seria dado acesso direto ao público, não apenas aos bancos comerciais, às reservas remuneradas no Banco Central. A modernização do sistema, com redução de custos e grandes ganhos de eficiência no sistema de pagamentos, passaria ainda pela criação de uma moeda digital do Banco Central, que abriria o caminho para um governo digital e desburocratizado.

Para garantir a eficiência dos investimentos e o ganho de produtividade, deveria ser promovida uma abertura comercial programada, para integrar definitivamente a economia brasileira na economia mundial. O prazo de transição para a abertura completa deveria ser prefixado e de no máximo cinco anos. Por fim, mas não menos importante, seria fundamental criar mecanismos eficientes, idealmente através da contratação de agências privadas independentes, para avaliação de custos e benefícios dos gastos públicos em todas as esferas do setor público. A política fiscal é da mais alta relevância para o bom funcionamento da economia e para o bem-estar da sociedade. Compreender que o governo não tem restrição financeira não implica compactuar com um Estado inchado, ineficiente e patrimonialista, que perde de vista os interesses do país. Pelo contrário, redobra a responsabilidade e a exigência de mecanismos de controle e avaliação sobre a qualidade, os custos e os benefícios, dos serviços e dos investimentos públicos.

Essas linhas gerais de políticas públicas, sugeridas pelo novo paradigma macroeconômico, correm o risco de desagradar a gregos e troianos. Não se encaixam, nem no populismo estatista da esquerda, nem no dogmatismo fiscalista da direita. Como observou, de maneira premonitória, Abba Lerner, em seu ensaio de 1943, os princípios das finanças funcionais são igualmente aplicáveis numa sociedade comunista, numa sociedade fascista, ou numa sociedade capitalista democrática. A diferença é que, se os defensores do capitalismo democrático não os compreenderem e adotarem, não terão chance contra aqueles que vieram a fazê-lo.

No primeiro ensaio de *Juros, moeda e ortodoxia*, sustento que, durante o século XX, o liberalismo econômico perdeu a batalha pelos corações e as mentes dos brasileiros. Embora a história tenha mostrado que seus defensores, desde Eugênio Gudin, estavam certos sobre os riscos do capitalismo de Estado, do corporativismo, do patrimonialismo e do fechamento da economia à competição, foram derrotados porque adotaram um dogmatismo monetário quantitativista equivocado. Tentaram combater a inflação promovendo um aperto da liquidez. O resultado foi sempre o mesmo: recessão, desemprego e crise bancária. Expulsos do comando da economia pela reação da sociedade, seus defensores recolhiam-se para lamentar a demagogia dos políticos e a irracionalidade da população. Quase sete décadas depois de Gudin, os liberais voltam a comandar a economia. O apego a um fiscalismo dogmático e a um quantitativismo anacrônico pode levá-los, mais uma vez, a voltar para casa mais cedo do que se imagina.

4
Razão e superstição*

A superstição do déficit

PAUL SAMUELSON, O ECONOMISTA que mais contribuiu para a formulação e a ordenação da teoria econômica na segunda metade do século XX, o primeiro americano laureado com o Nobel de economia, em entrevista a Mark Blaug para um documentário dos anos 1990 sobre Keynes, diz que a crença de que seria sempre preciso equilibrar o orçamento fiscal é uma superstição, um mito, cuja função é mais ou menos a mesma das religiões primitivas: assustar as pessoas para que se comportem de maneira compatível com a vida civilizada. Uma vez desmascarada, corre o risco de abalar um dos bastiões que toda sociedade deve ter para evitar que os gastos públicos saiam de controle, pois sem disciplina e racionalidade na alocação de recursos o resultado é a ineficiência e a anarquia.

Samuelson está certo, claro, sobre a necessidade de disciplina e racionalidade nos gastos públicos. Compreende-se assim

---

* Publicado originalmente pelo jornal *Valor Econômico*, em 18 abr. 2019.

por que a afirmação de que o governo que emite sua moeda não tem restrição financeira — que nada mais é do que uma constatação trivial — provoque reações tão virulentas nos que temem a anarquia. Desde o Iluminismo, a racionalidade substituiu, com enormes vantagens, os mitos e as superstições na promoção da civilidade, mas os que veem a desmistificação dos déficits públicos como uma ameaça aparentemente não concordam. Na tentativa de convencê-los, é preciso, antes de mais nada, examinar as razões por que é tão difícil entender que o Estado não tem restrição financeira.

A primeira é uma questão de senso comum: todos devem procurar equilibrar receitas e despesas. É preciso ter cautela em relação ao endividamento excessivo para evitar problemas. A regra vale para todos, tanto para as famílias como para as empresas, para as organizações sem fins lucrativos, para as entidades beneficentes e também para os governos que não têm moeda própria. Se é verdade para todos, é natural inferir que também valeria para os governos que emitem a sua moeda, sobretudo se é isso o que se ouve ser repetido de forma incessante, a toda hora e em toda parte, por jornalistas, especialistas, economistas e políticos ditos responsáveis. É natural que a grande maioria das pessoas, que nunca parou para refletir sobre o tema, simplesmente adote como verdade o que, além de fazer sentido para o senso comum, é insistentemente bombardeado pela mídia.

Já a razão por que os economistas de formação insistem em acreditar em algo flagrantemente equivocado é mais complexa. Está associada ao fato de que a teoria monetária ensinada nas escolas de economia ainda não foi revista para refletir a realidade da moeda fiduciária. Continua pautada pela lógica do metalismo. O padrão-ouro, tornado anacrônico em Bretton Woods, foi sepultado de vez em 1971, quando os Estados

Unidos acabaram com a conversibilidade do dólar, mas o ensino das questões monetárias, do funcionamento do sistema financeiro e do papel dos bancos centrais não se adaptou à nova realidade.

Duas concepções da moeda

Duas visões do que é a moeda disputaram a primazia intelectual como referência para a formulação de políticas desde o fim do século XVIII, quando a Inglaterra, premida pelos gastos da guerra contra Napoleão, viu-se obrigada a suspender a conversibilidade da libra em ouro. A inconversibilidade, que perdurou de 1797 até 1821, provocou um acalorado debate que ficou conhecido como a "controvérsia bulionista". Enquanto os bulionistas — o nome vem de *bullion*, "lingote" em inglês — previam o caos, pois para eles a estabilidade monetária dependia da conversibilidade, os antibulionistas, pelo contrário, sustentavam que a moeda não precisava ser lastreada, pois era apenas uma unidade de crédito contra o Estado.

A controvérsia foi retomada algumas décadas mais tarde, em meados do século XIX, agora com os metalistas agrupados na "Currency School" e os antimetalistas na "Banking School". Os metalistas, liderados por David Ricardo, saíram vitoriosos, tanto na política como na escola. Como observou Keynes, no seu clássico *Teoria geral do emprego, do juro e da moeda*: "Ricardo conquistou a Inglaterra tão completamente quanto a Santa Inquisição conquistou a Espanha. A sua teoria não foi apenas aceita pela City, pelos homens públicos e pela academia mundial, mas também suprimiu a controvérsia; o outro ponto de vista desapareceu completamente, deixou de ser discutido".

Em retrospecto, fica claro que os antimetalistas estavam certos, mas à frente de seu tempo. A moeda com lastro metálico desapareceu, o padrão-ouro foi abandonado, a moeda contemporânea é puramente fiduciária e avança a passos largos para se tornar eletrônica, meramente contábil. Como compreenderam os antimetalistas, a essência da moeda é ser uma unidade de crédito contra o Estado, com a qual é possível redimir obrigações tributárias e que passa a ser adotada como a unidade de conta padrão da economia. A moeda metálica é apenas uma das formas que pode tomar e que prevaleceu durante certos períodos da história das civilizações. O papel-moeda lastreado em metais preciosos, como a prata e o ouro, é a etapa seguinte, quando o sistema bancário passa a emitir títulos de crédito próprios, mas ainda é obrigado a manter uma fração dos seus títulos em lastro metálico.

Ao tomar o lastro metálico da moeda como a moeda propriamente dita, os metalistas confundem uma singularidade histórica com o conceito abstrato de moeda. Uma moeda é uma medida abstrata de valor, como um quilograma é uma medida abstrata de peso. Assim como o um quilo já teve expressão física, sendo o mais comum um cilindro de ferro fundido utilizado nas antigas balanças de dois pratos, a moeda também já teve expressão física metálica. Foram ambas aposentadas pelo avanço da tecnologia. A concepção metalista da moeda, que inspirou a formulação da teoria monetária dominante até pouquíssimo tempo, pode ter sido uma aproximação razoável da realidade no passado. Para as economias contemporâneas, nas quais a moeda é fiduciária e o sistema financeiro sofisticado, trata-se de um anacronismo equivocado e oneroso.

Ao confundir a moeda metálica com o conceito abstrato de moeda, os economistas foram induzidos a criar uma versão sobre as origens da moeda hoje comprovadamente equivocada.[1]

Durante muito tempo, os economistas argumentaram que a moeda era uma criação espontânea dos mercados para contornar a chamada "coincidência de necessidades" do escambo e facilitar as trocas de mercadorias. Essa versão da origem da moeda, quase hegemônica entre os economistas, não tem sustentação nos estudos antropológicos e históricos. Os economistas, mais uma vez, confundem a história da moeda física, cunhada em metais, com a história do seu conceito. É hoje fato bem documentado que o conceito de moeda antecede a cunhagem metálica em pelo menos 3 mil anos. Tabuletas de barro, conchas e diversas outras formas de representação de um crédito contra o rei ou o detentor do poder, sem nenhum valor intrínseco, circularam milhares de anos antes da cunhagem de peças metálicas. Estudos antropológicos indicam que os templos e os palácios na Mesopotâmia, assim como os no Egito, elaboraram sistemas internos de contabilidade, de débitos e créditos, que serviam como base para uma unidade de conta e de reserva de valor. Há sólidas razões para crer que na maior parte da história da humanidade a moeda não tenha tido existência física, mas apenas virtual, como uma medida abstrata de valor.[2]

Uma transposição indevida

Assim como os pintores medievais europeus, incapazes de transcender a realidade que conheciam, pintavam cenas bíblicas com base nos castelos e nas indumentárias de sua época, os metalistas ingleses dos séculos XVII e XVIII formularam uma teoria sobre as origens e a função da moeda com base na realidade específica de seu tempo. O equívoco sobre as origens históricas da moeda, embora mais uma indicação do pretensioso distanciamento que a economia fez questão de tomar em relação às demais ciências humanas, é bem menos pernicioso do que a consolidação de uma realidade específica numa teoria monetária incompatível com o sistema monetário contemporâneo. A Teoria Quantitativa da Moeda, TQM, e a Teoria do Multiplicador Bancário, TMB, são exemplos de extrapolações de uma realidade histórica circunstancial formalizadas com pretensão de validade universal.

No século XVII, quando David Hume formulou originalmente a hipótese de que o nível de preços seria proporcional à quantidade de moeda em circulação, a base da TQM, é possível que fosse de fato uma boa aproximação da realidade. Afinal, a moeda era lastreada no ouro, e a descoberta de reservas desse metal na América, importado para uma Europa estagnada, antes da Revolução Industrial, sem capacidade de expandir a oferta de bens e serviços, deve ter tido mesmo um impacto inflacionário. O apelo da hipótese quantitativista foi reforçado pelo fato de se prestar a uma formulação algébrica simples e intuitiva. A equação quantitativa, $M \cdot V = P \cdot Y$, é provavelmente uma das mais conhecidas da teoria econômica. O valor do produto, PY, é uma proporção $\frac{1}{V}$ do estoque de moeda. Quando a moeda tem expressão física, é uma quantidade física de ouro ou um múltiplo da quantidade de ouro na economia, faz sentido postular que dado o produto, Y, o nível de preços seja uma proporção $\frac{1}{V}$ do estoque de moeda M. Simples, intuitivo, capaz de dar resposta ao mistério da determinação do nível de preços, portanto também da sua variação, a inflação ou a deflação, e infelizmente, errado. É muito errado numa economia com moeda fiduciária e sistema financeiro desenvolvido. Numa economia primitiva, sem sistema financeiro, é razoável supor que a quantidade de ouro guardasse uma relação relativamente estável com a renda e a riqueza, mas basta que haja um úni-

RAZÃO E SUPERSTIÇÃO

co título financeiro que pague juros para que essa formulação deixe de ser uma boa aproximação da realidade, pois a mesma renda, ou riqueza, é compatível com inúmeras combinações de ouro e crédito. A teoria monetária quantitativista resolve essa indeterminação com o multiplicador bancário. A TMB pressupõe que o crédito criado pelo sistema bancário seja também uma proporção fixa do estoque de ouro. Parte-se de um sistema de reservas fracionárias, ou seja, de um sistema em que os bancos mantêm uma fração dos depósitos como reservas e expandem os seus empréstimos sempre que têm reservas excedentes. O total de crédito, ou de moeda bancária, seria assim um múltiplo das reservas em ouro do sistema. A lógica da moeda lastreada foi transposta, sem muita reflexão, para o sistema de moeda fiduciária. O papel do estoque de ouro passou a ser atribuído à chamada base monetária, composta pelo papel-moeda em poder do público somado às reservas no banco central. O papel-moeda é cada vez menos relevante e pode ser ignorado — tornando a base monetária igual às reservas — sem prejudicar o argumento. O valor total da moeda na economia, M — a soma da base monetária, B, com os depósitos à vista nos bancos, D — é função do multiplicador bancário. Ou seja:

$$M = B + D \text{ e } D = m \cdot B, \text{ logo } M = (1 + m)\, B$$

Como o multiplicador, m, é função de parâmetros regulatórios, a proporção entre D e B é fixa e determinada pelo banco central. Portanto, como a base estaria sob o controle do banco central, tanto o estoque total da moeda, M, quanto a proporção entre B e D também estariam sob o seu controle direto.

113

A base monetária endógena

Ocorre que, com a moeda fiduciária, nem o banco central nem os bancos de depósitos precisam de reservas para emprestar. A base monetária não é mais composta por uma mercadoria física que o banco central precise adquirir, mas é simplesmente o resultado do que ele vier a creditar eletronicamente nas reservas dos bancos. O que então determina a quantidade de reservas creditadas pelo banco central? Aqui está o ponto-chave do equívoco provocado pela transposição da lógica metalista para o sistema monetário fiduciário. Ao contrário do que pretende a TQM e do que foi ensinado até pelo menos o final do século passado nas escolas de economia, o banco central não controla, nem tem como controlar, a quantidade de reservas. Ou, dizendo de outra forma: não controla a base monetária. Como foi finalmente reconhecido em fins da década de 1990, o instrumento de política monetária do banco central é a taxa de juros sobre as reservas bancárias e não a quantidade de reservas.

Num sistema com moeda fiduciária e sistema financeiro sofisticado, os bancos podem sempre tomar e emprestar reservas, sem nenhum problema, à taxa básica determinada pelo banco central. Não faz sentido para os bancos manter reservas acima do exigido como compulsórias e abrir mão dos juros que poderiam fazer jus ao cedê-las para o mercado ou para o próprio banco central. Individualmente, os bancos vão todos os dias ao interbancário, ou ao banco central, para tomar empréstimos a fim de sanar reservas insuficientes e repassar reservas excedentes, mas, no agregado, não têm como criar ou destruir reservas.

A única forma que o sistema bancário como um todo tem para obter ou repassar reservas é através do banco central. Para evitar que a taxa de juros sobre as reservas tenha oscilações vio-

RAZÃO E SUPERSTIÇÃO

lentas, o banco central é obrigado a suprir as reservas requeridas e tomar as reservas excedentes à taxa básica. O funcionamento do sistema é claro: o banco central determina a taxa de juros sobre as reservas e empresta ou toma emprestado o que o sistema bancário demandar a essa taxa. Ao contrário do que afirma a teoria estabelecida, quando os bancos têm reservas excedentes, não aumentam seus empréstimos, mas as repassam para o banco central à taxa básica de juros. Os bancos só aumentam os seus empréstimos quando têm tomadores confiáveis às taxas que lhes são interessantes e, em seguida, vão buscar as reservas requeridas no banco central. Este é o supridor e o tomador passivo de reservas para o sistema à taxa básica de juros.

Nem o banco central controla a base monetária, nem a relação entre as reservas e a moeda é dada por um multiplicador constante. Tanto a TQM como a TMB, que até hoje são ensinadas nas escolas de economia, estão equivocadas.[3] A base monetária se expande com os gastos estatais e se contrai com o aumento das receitas governamentais, assim como se expande com a aquisição e se contrai com a venda de ativos por parte do banco central, mas o banco central não tem opção a não ser acomodar a demanda por reservas se não quiser perder o controle da taxa básica de juros. Quando o sistema perde reservas, seja porque houve uma saída líquida de divisas, seja por um saldo positivo da arrecadação sobre a despesa do governo, o banco central é obrigado a financiar o sistema bancário e a fornecer as reservas. Da mesma forma, quando há uma entrada de divisas ou um excesso de gastos sobre a arrecadação do governo, o banco central se vê obrigado a tomar o excesso de reservas à taxa básica. Mais uma vez: o banco central fixa a taxa básica e se torna um ator passivo, fornecendo ou tomando as reservas demandadas pelo sistema. O nível de reservas do sistema é primordialmente determinado pelo compulsório.

115

Essa é a razão pela qual, ao contrário do que entendia a TMB, o aumento do compulsório eleva a base monetária, mas não tem nenhuma implicação sobre o volume de crédito. A elevação do compulsório é apenas uma forma de taxar o sistema bancário, pois o banco central coleta o compulsório — que não é remunerado —, mas é obrigado a fornecer o equivalente em reservas — sobre as quais cobra a taxa básica — ao sistema bancário.

Moeda, dívida e o espectro do metalismo

No sistema monetário fiduciário contemporâneo, tanto o papel-moeda como as reservas excedentes se tornaram irrelevantes e tendem a desaparecer. Em breve, o único passivo não remunerado do governo consolidado — Tesouro mais o banco central — serão as reservas compulsórias. A definição de que parte do passivo financeiro do governo é considerada moeda sempre foi arbitrária. Com o sistema financeiro desenvolvido e o banco central sempre pronto para fornecer reservas em operações de recompra, os títulos públicos são quase perfeitamente líquidos. Todo o passivo financeiro do governo é remunerado e líquido. Não faz sentido distinguir o que seria "moeda" dos demais papéis de dívida pública. A moeda sempre foi um título de dívida do governo como qualquer outro, que só se distinguia por não pagar juros e ter sua emissão feita pelo banco central. Hoje o banco central só "emite" reservas remuneradas e de forma passiva, de acordo com as demandas do sistema bancário para atender à obrigação de reservas compulsórias. A separação entre o Tesouro e o banco central é uma forma de organização institucional que dificulta a compreensão de que não há diferença entre moeda e os demais títulos do passivo financeiro do governo.

Num sistema de moeda puramente fiduciária, ela é apenas mais um título de dívida pública cujo valor unitário de face serve como unidade de conta universal na economia. A separação entre o Tesouro e o banco central, embora faça sentido operacional, dado que as duas agências têm funções muito distintas, dificulta o entendimento de que o governo não tem restrição financeira. Se a superstição do orçamento sempre equilibrado for de fato condição para um comportamento civilizado, pode inclusive ser vista como mais uma vantagem da separação entre o Tesouro e o banco central — mas, como toda superstição, como tudo que obscurece o entendimento racional, tem seus custos.

A proibição legal de que o banco central financie o Tesouro, por exemplo, é uma restrição que encarece a dívida pública. Se o banco central pudesse financiar o Tesouro, creditaria as reservas diretamente em sua conta. O excesso de reserva criado seria retirado do mercado em operações de recompra à taxa básica. Com o Tesouro obrigado a vender seus títulos para se financiar, o mercado irá ao banco central para obter, através de operações de recompra à taxa básica, as reservas usadas na compra dos títulos do Tesouro. O resultado final é o mesmo: houve um aumento do passivo financeiro do governo equivalente às reservas fornecidas pelo banco central e creditadas ao Tesouro. A diferença é que o mercado, ao comprar os títulos do Tesouro e se financiar com o banco central, se apropria da diferença entre a taxa básica e a remuneração dos títulos do Tesouro. Com o banco central impedido de creditar reservas na conta do Tesouro, é preciso que o Tesouro venda seus títulos no mercado e que o banco central forneça as reservas para que o sistema bancário possa pagar ao Tesouro. Do ponto de vista do governo consolidado — Tesouro mais banco central —, no final das contas, a única diferença é o custo do seu passivo financeiro. Como os títulos do Tesouro têm prazos mais longos e remuneração descasada em relação à taxa básica, os compradores exigem prêmios para carregá-los. Além do mais, a superstição de que o Tesouro está submetido a uma restrição financeira faz com que os compradores de seus títulos exijam um prêmio para fazer face a um risco inexistente de default. O resultado é um custo mais alto do que seria necessário se o banco central pudesse financiar o Tesouro e recomprasse diretamente à taxa básica as reservas creditadas na conta do Tesouro.

O sistema de pagamentos, a atuação do banco central e a gestão do passivo financeiro do governo precisam ser reformulados. Um novo desenho, adaptado à realidade contemporânea, exige que se abandone definitivamente o espectro da concepção metalista da moeda. Um sistema de depósitos remunerados no banco central aumentaria a eficiência do sistema de pagamentos e reduziria o custo da dívida pública. Depósitos à vista remunerados no banco central são um ativo superior, em termos de risco e liquidez, a qualquer título emitido pelo Tesouro, por isso não pagam os prêmios que encarecem a dívida pública.

Duas objeções costumam ser levantadas em relação ao financiamento da dívida pública através de depósitos remunerados no banco central. A primeira é quanto ao seu potencial inflacionário. Trata-se de uma preocupação sem fundamento inspirada pelo espectro da TQM. Como ficou cabalmente comprovado com o QE nas economias avançadas, o excesso de reservas remuneradas não provoca a expansão do crédito e da demanda agregada. Evita o colapso quando a confiança desaparece num sistema financeiro muito alavancado, mas por si só é incapaz de estimular o consumo e o investimento. A segunda é que, sem títulos públicos de longo prazo, o banco central não teria como atuar sobre a curva intertemporal de juros. Embora a taxa básica de overnight seja o principal instrumento da política do banco central, o balizamento das taxas intertemporais, através de operações de mercado aberto, também é parte do seu arsenal. A preocupação faz sentido, mas nada impede que um sistema de dívida pública, baseado majoritariamente em depósitos remunerados no banco central, seja complementado com a emissão de títulos de diferentes prazos e indexadores para auxiliar o balizamento das expectativas.

Superstição e paternalismo

Voltemos a Samuelson e às razões daqueles que veem a desmitificação dos déficits como uma ameaça. Os menos informados poderiam tomar as observações de Samuelson como um endosso à superstição de que o governo deve sempre equilibrar o orçamento. Nada mais equivocado. Paul Samuelson foi um dos mais destacados defensores da razão. Como macroeconomista, com seus colegas do departamento de economia do MIT na segunda metade do século passado, como Robert Solow, Franco Modigliani e outros, foi um incansável crítico do quantitativismo monetário e do dogmatismo fiscal. Samuelson apenas reconhece que, sem controle dos gastos públicos e racionalidade na alocação de recursos, o resultado é a ineficiência e a anarquia. Essa é a questão primordial de toda a controvérsia em torno da constatação de que o governo não tem restrição financeira. Não ter restrição financeira não significa que tudo seja permitido, que a escassez de recursos inexista e que o custo de oportunidade possa ser desconsiderado. Pelo contrário, significa que a preocupação relevante em relação aos gastos públicos é com a qualidade, com a avaliação objetiva de seus custos e benefícios, com a sua capacidade de aumentar a produtividade e o bem-estar. Evidentemente não é uma exigência fácil de ser posta em prática, mas é a que faz sentido.

Acreditar que o problema do gasto público está em garantir o seu financiamento é uma superstição que provoca dois tipos de equívocos igualmente perniciosos. Primeiro, acreditar que não se pode gastar sem contrapartida de receitas, mesmo quando os gastos são justificados. Segundo, acreditar que, se o financiamento está garantido, o problema foi resolvido. Enquanto o primeiro equívoco mantém o governo de mãos atadas diante do desemprego, da capacidade ociosa, da deterioração da infraestrutura, da falta de saúde, de saneamento e de segurança pública, o segundo leva a crer que basta vincular receitas no orçamento para que o problema esteja solucionado. O Brasil de hoje é o retrato acabado e dramático da combinação desses dois equívocos.

Nada garante que desmascarar a superstição dos déficits irá resolver nossos problemas. É provável que seja preciso desenhar restrições institucionais para disciplinar a ilimitada e demagógica demanda por gastos públicos, mas que sejam restrições baseadas na razão, e não em superstições. Sustentar o mito do orçamento equilibrado por não confiar que o país seja capaz de resistir à tentação dos gastos irresponsáveis não é diferente de defender a burca por não confiar no comportamento das mulheres. É necessário dar fim à superstição do orçamento equilibrado, não apenas em nome da racionalidade, mas também porque o paternalismo tecnocrático impede o desenvolvimento de uma democracia responsável.

5
Liberalismo e dogmatismo[*]

NO INÍCIO DA DÉCADA, a Grécia se viu obrigada a fazer um extraordinário ajuste fiscal. Beneficiada pela condição de membro da União Europeia, o que lhe permitiu financiar sua dívida a juros baixos, seu governo tinha sido fiscalmente irresponsável. Com a crise financeira de 2008, a realidade bateu à porta. Os mercados, sempre dispostos a absorver mais dívida quando a maré está alta, com o refluxo, secaram. O aumento do prêmio de risco cobrado pelos bancos tornou a dívida, além de muito alta, também muito onerosa.

Yanis Varoufakis, à época um professor visitante no campus de Austin da Universidade do Texas, foi o primeiro a afirmar o que qualquer pessoa com uma noção básica de aritmética poderia constatar: a dívida grega era impagável. A Comissão Europeia, o Banco Central Europeu e o FMI, que compõem a chamada Troica, preocupados com o impacto sobre o sistema

---

[*] Publicado originalmente pelo jornal *Valor Econômico*, em 13 maio 2019.

bancário, decidiram entender que não, que a Grécia deveria fazer um drástico ajuste fiscal e refinanciar a dívida. O ajuste foi feito. O déficit, de mais de 10% do PIB em 2010, foi revertido. Em 2017 a Grécia, a Alemanha, a Dinamarca e a Suécia eram os únicos países da União Europeia com superávit fiscal. O resultado pode ser avaliado por alguns números. O índice de desemprego, que já era alto antes do início do ajuste, de quase 10%, três anos depois chegou a 28% da força de trabalho e a mais de 60% entre os jovens. Em 2018, o desemprego ainda estava perto de 20%, e o PIB tinha caído mais de 30% em relação a 2010. A dívida, que era equivalente a 150% do PIB em 2010, depois de quase uma década de ajuste, chegou a 180% do PIB. Os números, porém, por mais impressionantes que sejam, não podem exprimir a dimensão da verdadeira tragédia que se abateu sobre a Grécia. O país foi destroçado.

Em 2015, depois de três anos de ajuste fiscal, a população exprimiu sua rejeição ao estrangulamento econômico a que o país estava sendo submetido. Um novo partido de esquerda, o Syriza, e seu jovem líder, Alex Tsipras, venceram as eleições. Varoufakis foi convocado para ser o ministro da Fazenda e renegociar a dívida. Condicionou a sua aceitação a ser eleito parlamentar. Sem jamais ter exercido nenhum cargo público, em menos de três meses de campanha, foi o deputado mais votado da história. Ministro, enfrentou a tecnocracia europeia e o FMI, procurando demonstrar a inviabilidade do ajuste como exigido pela Troica. Convocou um referendo para avalizar a sua proposta alternativa. Saiu vitorioso das urnas, mas foi derrotado pela tecnocracia. O governo cedeu à Troica, e Varoufakis voltou à academia e ao ativismo político. Seu livro, *Adults in the Room*, publicado em 2017, que resenhei para a revista *Quatro Cinco Um*, é uma fascinante incursão pelos bastidores das forças políticas do mundo contemporâneo.

A ameaça do dogmatismo contra nossa frágil democracia liberal

A tragédia grega deste século XXI traz à cena todos os elementos do impasse da democracia contemporânea. Desde o início do século passado, sobretudo a partir do fim da Segunda Guerra Mundial, o mundo parecia ter encontrado a fórmula do progresso e da paz social. A democracia representativa liberal e a separação dos poderes davam a impressão de compatibilizar a vontade da maioria com a defesa dos direitos individuais e o respeito às minorias. Através de políticas compensatórias, o Estado, administrado por uma tecnocracia ilustrada, garantiria as condições mínimas de vida para os mais desfavorecidos. Nos países mais atrasados, o governo exerceria ainda o papel de coordenador do desenvolvimento econômico.

Neste início de século, o equilíbrio entre os três elementos que compõem as democracias representativas — a vontade popular, o respeito aos direitos individuais e o governo tecnocrático — se rompeu. O populismo, tanto de direita como de esquerda, que hoje se alastra pelo mundo, deve ser entendido como uma reação à tomada de consciência de que a tecnocracia e as instituições liberais para a defesa dos direitos individuais se tornaram dominantes e abafaram a vontade popular. Tanto as razões dessa tomada de consciência como as implicações para o futuro da democracia têm sido objeto de inúmeros estudos e livros publicados nos últimos anos.

O populismo chega ao poder pelo voto, explorando a percepção de um déficit democrático, acentuada pela internet e pelas mídias sociais. Primeiro, questiona as instituições liberais, depois desmantela a tecnocracia, para em seguida instaurar o autoritarismo. Não importa se a partir da esquerda, como na Venezuela, ou da direita, como na Turquia, na Polônia e nos Estados Unidos. Tanto a sua ascensão como a sua capacidade de manter acesa a chama do ressentimento dependem da frustração das expectativas. Por isso, o mau desempenho da economia, a recessão e o desemprego são o combustível de que depende para solapar a democracia. Quanto mais rápida e profundamente a economia se desorganiza, maior é a probabilidade de o populismo descambar para o autoritarismo aberto. Confrontado com a perda de apoio, o populismo sobe o tom contra a política representativa, as minorias e as instituições liberais. A desorganização da economia, a recessão e o desemprego se tornam um terreno fértil para a sua campanha de ressentimento.

No Brasil, depois de alguns meses de governo Bolsonaro, a economia não dá sinais de que irá se recuperar. Continua estagnada, com a renda abaixo do que era cinco anos antes e o desemprego acima de 12% da força de trabalho. O programa dos tecnocratas que estão no comando da economia parece estar condicionado à aprovação da reforma do sistema previdenciário, há décadas mais do que necessária, mas na qual não faz sentido depositar todas as esperanças. Transformada num cavalo de batalha com o Congresso, insistentemente bombardeada como imprescindível pela mídia, a reforma, ainda que aprovada sem grande diluição, como os resultados não são imediatos, não será suficiente para resolver o problema fiscal dos próximos anos. Também não será capaz de despertar a fada das boas expectativas. Como demonstra de forma dramática a experiência recente da Grécia, a busca do equilíbrio fiscal no curto prazo, quando há desemprego e capacidade ociosa, não apenas agrava o quadro recessivo, como termina por aumentar o peso da dívida em relação ao PIB.

A Grécia não tinha escolha: ou se submetia ao programa de austeridade fiscal ou seria obrigada a sair da zona do euro, com

LIBERALISMO E DOGMATISMO

custos possivelmente ainda mais altos. No Brasil, a obsessão pelo equilíbrio fiscal no curto prazo é uma autoimposição tecnocrática suicida. O liberalismo econômico do governo parece estar subordinado ao seu dogmatismo fiscal. Como liberalismo e dogmatismo são incompatíveis, o liberalismo sairá inevitavelmente derrotado. No século passado, o dogmatismo monetário derrotou o liberalismo econômico de Eugênio Gudin. Neste início de século, o dogmatismo ameaça derrotar também nossa frágil democracia liberal.

6
O Brasil e o conservadorismo vitoriano[*]

*Porém, cedo ou tarde, são as ideias, não
os interesses escusos, que representam
perigo, para o bem ou para o mal.*
J. M. Keynes

Uma sugestão controversa

A ECONOMIA NÃO DÁ SINAIS de que sairá tão cedo do atoleiro em que se encontra. Há consenso de que as finanças públicas estão em frangalho. Embora o diagnóstico seja praticamente consensual, há discordância quanto à melhor forma de enfrentar o problema e repor a economia nos trilhos. Em uma série de artigos recentes, sustento que a opção por equilibrar o orçamento no curto prazo é um equívoco. Em conjunto com uma reforma que garantisse o reequilíbrio da Previdência no longo prazo, deveria ser formulado um ambicioso programa de investimentos públicos de infraestrutura e uma revisão simplificadora da estrutura fiscal para estimular o investimento privado. Para isso, seria preciso abandonar o objetivo de equilibrar imediatamente as contas e aceitar o aumento da dívida por mais alguns anos enquanto a economia se recupera.

---

[*] Publicado originalmente pelo jornal *Valor Econômico*, em 21 jun. 2019.

Ao sugerir que tentar o equilíbrio orçamentário no curto prazo é contraproducente, pois agravará a recessão e poderá levar ao aumento da relação dívida/PIB, provoquei indignação. A visão dominante entre os analistas financeiros é a de que o governo não tem como manter as suas despesas, pois as fontes de financiamento, seja através dos impostos, seja pelo endividamento, se esgotaram. Seria imperioso equilibrar o quanto antes o orçamento e reduzir o endividamento, sob risco de asfixiar os investimentos privados e levar a economia ao colapso. O argumento é duplamente falacioso. Primeiro porque desconsidera o fato de que a União, como todo governo que dispõe de uma moeda fiduciária, não tem restrição financeira. Segundo, porque pressupõe que a economia esteja próxima do pleno emprego.

Velhas falácias

O primeiro ponto, o fato de que o governo não tem restrição financeira, é o mais controvertido. Embora não seja novo — muito pelo contrário, tem uma longa tradição na história da teoria monetária, desde Henry Thorton e Thomas Took nas controvérsias monetárias do século XIX na Inglaterra, passando por Knutt Wicksell e Georg Knapp no início do século XX —, foi ofuscado pela adoção na prática da visão metalista de que a moeda deveria ser sempre lastreada num ativo real. O padrão-ouro, segundo o qual a moeda deve ser conversível em ouro, predominou até o fim do século XIX. Depois de provocar graves desajustes na primeira metade do século passado, foi enfim abolido na conferência de Bretton Woods, em 1944. A teoria monetária predominante, no entanto, não se reformulou, não se adaptou para refletir o fato de que a moeda tinha passado a ser exclusivamente fiduciária.

A Teoria Quantitativa da Moeda, predominante até o final do século xx, substituiu o lastro metálico pela base monetária, que deveria ser controlada pelos bancos centrais, mas manteve inalterada a estrutura lógica do padrão-ouro. Nos anos 1990, quando ficou evidente que os bancos centrais não controlavam a base monetária, e sim a taxa básica de juros, a Teoria Quantitativa foi finalmente aposentada. Substituída por metas para a inflação e uma regra heurística para a taxa básica de juros, a chamada Regra de Taylor, a teoria quantitativista saiu de cena, mas deixou intacta a noção de que o governo não tem como se financiar sem desrespeitar os limites ditados pelas reservas em ouro ou pela base monetária.

A compreensão de que se a moeda é fiduciária o governo não tem restrição financeira ressurgiu recentemente, com o destaque adquirido pela chamada Moderna Teoria Monetária. Embora seja uma mera consequência lógica do sistema monetário fiduciário, há uma enorme resistência a aceitar o fato. Como já tratei do assunto em artigos anteriores, não pretendo voltar aqui ao tema.

Passemos então ao segundo ponto falacioso: o de que os investimentos públicos concorrem e inviabilizam os investimentos privados. As palavras de John Cochrane, hoje no Hoover Institution, em Stanford, e no Cato Institute, dois dos mais influentes centros conservadores dos Estados Unidos, que recentemente tem defendido teses monetárias menos ortodoxas, são exemplares:

> Cada dólar de aumento no gasto do governo deve corresponder a um dólar a menos no gasto do setor privado. Os empregos criados pelo estímulo dos gastos públicos são compensados pelos empregos perdidos devido à redução dos gastos privados. Pode-se construir estradas no lugar de fábricas, mas o estímulo fiscal não nos

pode ajudar a construir mais das duas. Essa forma de *crowding--out* é pura contabilidade e não depende de nenhuma hipótese a respeito de percepção ou de comportamento.

O governo precisa sempre equilibrar as suas contas para não tomar o espaço dos investimentos privados e provocar inflação. Ao afirmar que se trata de pura contabilidade, independente de hipóteses comportamentais, pretende-se dar validade universal à tese de que os gastos públicos expulsam os gastos privados. Omite-se o fato de que os gastos públicos só concorrem com os investimentos privados quando há pleno emprego. A tese é efetivamente "pura contabilidade" nos modelos que desconsideram a possibilidade de que a economia possa não estar no pleno emprego, mas falsa quando há capacidades ociosa. As hipóteses comportamentais estão embutidas no modelo de equilíbrio competitivo subjacente ao argumento. Quando há desemprego e capacidade ociosa, os investimentos públicos, sobretudo em infraestrutura, são complementares e estimulam o investimento privado.

O conservadorismo vitoriano

O argumento de que o orçamento deve estar sempre equilibrado, para não levar à emissão de moeda sem lastro e provocar inflação, foi dominante até o início do século passado, enquanto perdurou o padrão-ouro e a visão da Inglaterra vitoriana ditava as regras sobre a boa disciplina fiscal. A constituição da era vitoriana determinava que o orçamento fiscal deveria ser anualmente equilibrado, com as despesas públicas integralmente cobertas pelas receitas tributárias, para evitar que o Estado viesse a reduzir o lastro metálico da moeda. Essa visão

O BRASIL E O CONSERVADORISMO VITORIANO

de que o Estado deveria ser contido para evitar que viesse a corromper a moeda e asfixiar o setor privado passou a ser questionada no início do século XX. Os gastos e a dívida pública, sempre e em toda parte, aumentam quando um país entra em guerra. Com as guerras napoleônicas, no início do século XIX, a Inglaterra se viu obrigada a abandonar a conversibilidade da moeda em ouro. O período de inconversibilidade provocou o primeiro grande debate monetário entre as correntes metalista e fiduciária, que estão até hoje por trás de grande parte das controvérsias macroeconômicas.

Na primeira metade do século XX, depois da Primeira Guerra Mundial, mais uma vez em consequência do esforço militar e das reparações de guerra, as economias europeias se confrontaram com graves desequilíbrios orçamentários e o acentuado crescimento da dívida pública. A discussão sobre como estabilizar a economia foi retomada. Na Inglaterra, a visão convencional, a favor da necessidade de equilibrar imediatamente as contas públicas, capitaneada pelo então secretário do Tesouro, Sir Otto Niemeyer, ficou conhecida como a Visão do Tesouro. Segundo esse ponto de vista, as contas públicas devem ser equilibradas ano a ano, para evitar o aumento da dívida e a desvalorização da moeda. Os gastos públicos não se justificam — pelo contrário, precisam ser cortados para abrir espaço para os investimentos privados. Anos mais tarde, em 1931, Niemeyer chefiou a missão ao Brasil, que ficou conhecida pelo seu nome, e fez recomendações na mesma linha. Nessa época, John M. Keynes já se destacava como o seu mais eloquente crítico.

No início da década de 1920, a Visão do Tesouro saiu vitoriosa, e o governo britânico implementou um programa de corte agressivo dos gastos, sob a responsabilidade de Eric Geddes, que ficou conhecido como "o machado de Geddes". O programa

131

de austeridade fiscal levou a Grã-Bretanha à recessão e elevou a dívida pública de 135% do PIB em 1919, para 180% em 1923.

Em 1929, o debate voltou à tona, quando o candidato do Partido Liberal, Lloyd George, propôs um ambicioso programa trienal de investimentos em infraestrutura, com o objetivo de reduzir o desemprego e relançar a economia. O financiamento dos investimentos deveria ser feito através de empréstimos extraorçamentários. Keynes foi um entusiasmado defensor da proposta de Lloyd George, enquanto a defesa da austeridade fiscal ficou a cargo de um funcionário do Tesouro, Ralph Hawtrey, que desde antes da Guerra de 1914 já era um proponente do conservadorismo fiscal vitoriano. Hawtrey recitava o mantra dos críticos dos investimentos estatais: ao tomar empréstimos para financiar gastos públicos, o governo retira do mercado de investimentos a poupança que iria financiar a criação de capital.

A oposição, nas palavras de Arthur Pigou, respeitado professor de economia política da Universidade de Cambridge, já tachava o argumento de falacioso, pois na recessão há capacidade ociosa e o capital está subutilizado. Mas a grande confrontação entre a velha e a nova visão macroeconômica aconteceu alguns anos depois, no início de 1931, quando Keynes foi indicado para a Comissão McMillan, a fim de tratar das causas da recessão. As discussões com os técnicos do Tesouro e do Banco da Inglaterra, em maio de 1930, levaram à publicação de *Teoria geral do emprego, do juro e da moeda* por Keynes em 1936. Com a revolução keynesiana, a perspectiva vitoriana da Visão do Tesouro, a tese de que o Estado deve equilibrar o orçamento, independentemente das circunstâncias, foi substituída pela convicção de que as políticas monetária e fiscal podem e devem ser utilizadas para evitar prolongados períodos de desemprego e capacidade ociosa.

Uma revolução completa

Quase um século depois de ter sido derrotado, na teoria e na prática, o conservadorismo monetário e fiscal do século xix deu a volta por cima e é hoje quem dá as cartas. Os excessos do keynesianismo têm culpa no cartório. A exagerada confiança na capacidade de sustentar a economia próxima ao pleno emprego terminou por provocar inflação e ressuscitar o quantitativismo monetário. Sob a liderança de Milton Friedman e seus discípulos da Universidade de Chicago, a partir da década de 1970, a contrarrevolução monetarista começou a ganhar terreno. Com ajuda da ignorância a respeito da história, estimulada pelo mito de que a fronteira da teoria econômica, à semelhança das ciências exatas, incorporaria todo o conhecimento, também o conservadorismo fiscal está de volta em plena forma.

Depois da crise financeira de 2008, apesar do sucesso dos programas altamente heterodoxos de QE dos bancos centrais, que ao contrário do previsto pela ortodoxia monetária não provocaram inflação, as recomendações da tecnocracia internacional para os países endividados seguiram à risca os princípios vitorianos da Visão do Tesouro. Embora a crise tenha sido provocada pelo excesso de endividamento privado, a terapia recomendada foi a de corte dos investimentos públicos para abrir espaço aos investimentos privados. O Fundo Monetário Internacional, imediatamente após a crise, ainda em plena recessão, falava em multiplicadores dos gastos públicos inferiores à unidade, ou seja, a expansão fiscal não seria capaz de estimular a economia — pelo contrário, a contração fiscal é que seria positiva.

Alguns anos mais tarde, Olivier Blanchard, que foi economista-chefe do Fundo, e Daniel Leigh reconheceram que as suas estimativas estavam erradas, que o multiplicador fiscal era "substancialmente acima de um".[1] Argumentaram que o modelo de referência por eles utilizado com expectativas racionais indicava que a consolidação fiscal não deveria ter nenhum impacto recessivo. Infelizmente, a realidade não quis se adaptar ao modelo. Wolfgang Schawble, o ministro da Fazenda alemão que dava o tom na Comissão Europeia, cunhou a expressão "consolidação fiscal expansionista", um perfeito oximoro para a macroeconomia keynesiana. A teoria e a prática da macroeconomia tinham completado assim uma revolução, no sentido geométrico do termo: deram uma volta de 360 graus.

O objeto de estudo da macroeconomia é a moeda e o orçamento fiscal, temas evidentemente tão políticos quanto econômicos. Como não poderia deixar de ser, as teses prevalecentes são muito influenciadas pelas circunstâncias, pelas forças políticas e pelo clima intelectual. Ao contrário do que pretende, a teoria econômica não é uma fortaleza da racionalidade contra o turbilhão dos interesses em jogo na formulação das políticas públicas. Como sustenta Robert Skidelsky no livro *Money and Government: The Past and Future of Economics*, publicado em 2018, a história da teoria monetária e fiscal, longe da referência científica que proclama ser, é altamente ideológica. O livro de Skidelsky, que é também autor da melhor biografia de Keynes, é uma erudita e equilibrada reflexão sobre a história da teoria macroeconômica. Sob os cânones do método científico, esconde-se uma inclinação ideológica silenciosa que oscila ao sabor das circunstâncias e das ideias dominantes. A teoria e a prática das políticas econômicas são moldadas pelas condições do momento, pelas questões que atraem a atenção e pelo que os economistas decidem merecer ser objeto de estudo. A perigosa homenagem prestada pela teoria econômica ao poder é torná-lo invisível. Teses formuladas como científicas dão a interesses específicos um toque ilustrado. Como lembra

Skidelsky, nada mais agradável aos homens práticos do que encontrar os seus preconceitos travestidos de ciência.

A atração dos extremos

Há alguns anos, num jantar em São Paulo, ouvi de Vito Tanzi, o economista italiano que durante muitos anos chefiou o departamento de política fiscal do FMI, uma história reveladora. Ao fim de uma conferência no Canadá, no fim dos anos 1940, jovens economistas convertidos ao keynesianismo defenderam com entusiasmo o uso agressivo da política fiscal para assegurar o pleno emprego e resolver todo tipo de problema. Keynes, ao fim da conferência, disse ter concluído que o único não keynesiano na sala era ele.

A tendência a levar a tese ao paroxismo, a fazer uma caricatura de um argumento complexo e sofisticado, sempre existirá. Como demonstrou a psicologia comportamental, diante de argumentos contraditórios, confrontados com uma sobrecarga cognitiva, tende-se a buscar refúgio em atalhos mentais simplistas. O radicalismo e o dogmatismo, seja qual deles for, de um extremo ao outro, são muito mais atraentes do que a racionalidade ponderada. As posições extremas são mais fáceis de ser compreendidas e exercem um fascínio sobre os convertidos, que as tornam impermeáveis à argumentação racional. Toda tese matizada, por não se encaixar nos moldes inflexíveis dos radicalismos, é interpretada como uma ameaça e é mais fácil de ser combatida se transmutada numa caricatura à semelhança do inimigo conhecido.

Volto ao Brasil de hoje. Deficitária há décadas, a Previdência é o principal fator de desequilíbrio das contas públicas. A combinação de condições muito favoráveis para os corporativamente organizados com o rápido envelhecimento da população projeta um déficit crescente que ameaça absorver grande parte da receita tributária. Sem uma revisão do sistema, também a União, como já ocorre na maioria dos estados, se verá diante da situação em que as despesas previdenciárias praticamente exaurem toda a receita orçamentária. Para que o Estado tenha capacidade de investir e de fazer uma política fiscal contracíclica, é imperioso que as suas despesas correntes estejam sujeitas a um limite institucional.

Justamente porque a moeda fiduciária não impõe uma restrição financeira ao Estado emissor, uma restrição institucional inteligente faz sentido para evitar gastos irresponsáveis e improdutivos. A "Regra de Ouro", a exigência de que os gastos correntes sejam cobertos pela receita tributária, é uma limitação institucional, introduzida pelo conservadorismo fiscal vitoriano no início do século xx, perfeitamente compatível com o keynesianismo ilustrado. Os investimentos em segurança, educação, saúde, saneamento e infraestrutura, sobretudo quando há desemprego e capacidade ociosa, devem ser avaliados pelos seus resultados, pelos seus custos de oportunidades e seus benefícios, não pelos seus custos financeiros e seus efeitos sobre a dívida no curto prazo. A relação entre a dívida e o produto interno estará sempre sujeita a ciclos. É a solvência, entendida como a convergência, uma trajetória não explosiva no longo prazo, da relação entre o passivo financeiro consolidado do governo e o produto interno, que dá ao Estado condição de investir e de atenuar os ciclos econômicos. Nada de novo, nem de radical. Talvez por isso mesmo, tão difícil de ser compreendido e aceito.

7
O equívoco dos juros altos[*]

*Durante séculos, talvez mesmo por milênios,
ilustrou a opinião tida como certa e evidente
de uma doutrina que a escola clássica
repudiou como pueril, mas que merece
reabilitação e honras. Refiro-me à doutrina de
que a taxa de juros não se ajusta por si mesma
ao nível mais adequado ao ótimo social, antes
tende constantemente a elevar-se demais.*
John M. Keynes, *Teoria geral do emprego,
do juro e da moeda*[1]

A TAXA DE JUROS É TEMA POLÊMICO por excelência. A usura, entendida como a cobrança abusiva sobre o dinheiro emprestado, sempre foi malvista, condenada em todas as culturas e por todas as religiões. Com o inexorável avanço do capitalismo e da economia de mercado, os juros perderam a conotação moral, ou mais precisamente de imoralidade, que tiveram no passado. A teoria econômica, ao sustentar que a taxa de juros é apenas mais um preço determinado por forças competitivas e impessoais, transformou a condenação da usura em uma velha superstição, cuja origem estaria na ignorância a respeito do funcionamento dos mercados.

Em *Teoria geral do emprego, do juro e da moeda*, o livro seminal da macroeconomia, John M. Keynes argumenta que a longa tradição de condenação dos juros altos merece ser reabilitada. Sempre capaz de ver além das ideias estabelecidas,

---

[*] Publicado originalmente pelo jornal *Valor Econômico*, em 9 ago. 2019.

Keynes deixa claro que a taxa financeira de juros não é determinada por forças impessoais no mercado. Como o seu objetivo primordial era explicar como a economia poderia ficar presa num equilíbrio com alto desemprego, ainda que a taxa de juros estivesse muito baixa, Keynes não desenvolve o seu raciocínio sobre o mal provocado pelas altas taxas de juros. Perfeitamente ciente de que já estava comprando muitas brigas, preferiu não abrir mais frentes de controvérsias. Nos capítulos finais de *Teoria geral*, Keynes sugere que a incapacidade da teoria econômica de compreender a milenar resistência aos juros altos estaria associada à confusão entre os diferentes conceitos de taxa de juros. Concordo e acredito que a confusão continue a prevalecer. Vejamos por quê.

Um nome, diferentes conceitos

Sob a denominação comum de taxa de juros, existem inúmeros conceitos. A taxa de juros nominal, a taxa de juros real, a taxa de retorno do capital e a taxa natural de juros são conceitos distintos, todos igualmente referidos como taxa de juros em diferentes contextos. É fundamental entender a diferença entre eles para procurar dissipar a confusão em torno da questão.

O primeiro conceito é simplesmente o da taxa financeira paga sobre um empréstimo, ou seja, a relação entre as unidades monetárias tomadas emprestadas e as unidades monetárias que deverão ser pagas ao final da operação. Ao tomar emprestadas 100 unidades monetárias e prometer pagar 110 da mesma unidade monetária ao fim de um ano, tomou-se emprestado a uma taxa nominal de juros de 10% ao ano. A taxa nominal de juros, i, é definida como $i = {}^{E_1}\!/_{E_0}$, onde E_0 é o valor

O EQUÍVOCO DOS JUROS ALTOS

do empréstimo na partida e E_1 é o valor do empréstimo ao fim de um período.

O segundo conceito é o da taxa real de juros, que é a taxa nominal descontada a variação do nível de preços no período. É a taxa de juros em termos de poder aquisitivo do empréstimo, ou seja, levando em conta a inflação no período. A taxa real de juros é definida como: $r = \frac{i}{(1 + \pi)}$, ou, em termos logarítmicos, $r = i - \pi$, onde π é a taxa de inflação no período.

Esses dois primeiros conceitos são um tanto simples e hoje bem compreendidos por qualquer pessoa minimamente familiarizada com operações financeiras. Já o terceiro conceito, a taxa própria de retorno do capital, é um conceito abstrato definido como o rendimento real do capital investido. Para aumentar a confusão, é chamado de eficiência marginal do capital por Keynes e de taxa de retorno do capital sobre o custo por Irving Fisher. Para simplificar, usemos a denominação utilizada por Keynes, Eficiência Marginal do Capital (EMK). Embora seja expressa como um retorno percentual num determinado período de tempo, a EMK não é uma taxa financeira, e sim uma medida da produtividade do capital — para uma unidade de capital investido, quantas unidades de capital são obtidas ao fim de um período. Essa taxa própria de retorno do capital não precisa ser deflacionada, pois é a taxa em termos do próprio rendimento real do capital. A EMK é definida como EMK $= \frac{K_1}{K_0}$, onde K_0 são unidades de capital no investido no início do período e K_1 são unidades de capital ao fim do período.

Já a taxa natural de juros é um conceito introduzido por Knut Wicksell, o economista sueco que, no final do século XIX, em seu hoje clássico *Interest and Prices* [Juro e preços], questiona a Teoria Quantitativa da Moeda (TQM) e introduz uma tese alternativa para a determinação do nível geral de preços. Segundo Wicksell, o nível geral de preços não é função da quantidade de moeda, como sustenta a TQM, mas da pressão da demanda sobre a oferta. Demanda e oferta agregadas seriam funções da taxa de juros, e a taxa de equilíbrio, aquela que manteria estável o nível geral de preços, seria a taxa natural de juros (TNJ). A partir dos anos 1990, quando finalmente se reconheceu que os bancos centrais não controlam a moeda, e sim a taxa básica de juros, a macroeconomia e a política monetária foram reformuladas na direção sugerida por Wicksell. Sua TNJ não é uma taxa observável, mas uma taxa teórica que neutraliza as pressões sobre o nível de preços.

Os juros na teoria e na prática

Grande parte da verdadeira babel em torno da questão dos juros advém do fato de que diferentes pessoas, em diferentes circunstâncias, se referem à taxa de juros sem deixar claro, e muitas vezes sem sequer estar conscientes, do conceito de taxa de juros a que estão se referindo. A teoria econômica é em grande parte culpada por essa confusão, pois, na referência canônica de equilíbrio geral, o modelo de Walras-Arrow-Debreu (WAD), que é a referência lógica da disciplina, todos esses conceitos se confundem numa única taxa de juros. O WAD é um modelo microeconômico de competição perfeita, um "idealtipo" em que o comportamento maximizador de agentes individuais garante o equilíbrio permanente de todos os mercados. Nesse sofisticado idealtipo, corretamente denominado de Modelo de Equilíbrio Geral, o equilíbrio é instantâneo, e não existe moeda — há mercados contingentes futuros e um bem que serve de referência como unidade de valor, ou um *numéraire* na denominação original de Walras. A taxa de juros — e aqui é correto falar em "a taxa de juros" — é, única e simplesmente, o preço de tempo em termos do *numéraire*. A realidade é bem mais complexa. Mesmo as taxas financeiras de juros variam segundo o risco de crédito e o prazo do contrato. Quanto mais alto o risco e mais longo o prazo, mais alta a taxa de juros. As taxas cobradas do consumidor no varejo refletem o risco de crédito, o prazo e também a competição — ou a falta dela — no sistema financeiro. Alta incidência de defaults, prazos mais longos e falta de concorrência no sistema financeiro levam a taxas de juros mais altas no varejo. Em relação aos juros altos, grande parte da crítica da mídia, do empresariado e dos políticos concentra-se, compreensivelmente, nas razões por que as taxas de juros financeiras cobradas do consumidor e do empresariado são bem mais altas do que a taxa básica fixada pelo banco central. São questões práticas relevantes e merecem atenção, mas, como a taxa básica do BC é piso e referência para toda a estrutura de taxas financeiras de juros na economia, é essa taxa que precisa ser mais bem compreendida.

O banco central controla a taxa de juros

A taxa financeira básica de juros da economia é a taxa cobrada ou paga pelos bancos centrais nas reservas bancárias. Os bancos comerciais têm conta de reservas no banco central, onde devem manter um nível mínimo compulsório, calculado com base nos seus respectivos depósitos do público. Bancos que têm excesso de reservas estão acima do compulsório e podem vender reservas no mercado interbancário para os que têm insuficiência de reservas — ou seja, estão abaixo do compulsório —, mas o sistema bancário como um todo não tem como criar ou destruir reservas. A insuficiência ou o excesso de reserva do sistema como um todo só pode ser ajustada pelo banco central, que cria ou destrói as reservas necessárias para garantir o equilíbrio do sistema. Para fornecer reservas quando o sistema bancário está abaixo do compulsório, o banco central cobra a taxa básica de juros. Da mesma forma, absorve o excesso de reservas do sistema, pelo qual o banco central paga a mesma taxa básica de juros. A taxa básica numa economia é a taxa à qual o banco central irá fornecer ou tomar reservas do sistema bancário.

No Brasil, esse ajuste diário das reservas bancárias é feito através de operações de compra e venda com recompra de títulos da dívida pública. Nessas operações, chamadas de "compromissadas", o banco central toma ou fornece reservas ao sistema bancário, à taxa básica, utilizando títulos públicos como lastro. Para absorver o excesso de reservas o banco central precisa ter em carteira títulos públicos. Como discuto em "Razão e superstição", o sistema poderia ser aperfeiçoado para permitir que o banco central pague juros nas reservas acima do compulsório, o que já fazem hoje inúmeros bancos centrais, inclusive o Fed norte-americano. O que importa, para a análise da intuição milenar de que a taxa financeira de juros tende a ser excessivamente alta, é que a taxa básica de juros, aquela que serve de base para toda a estrutura de taxas financeiras da economia, é determinada pelo Banco Central.

Os bancos centrais têm completo controle sobre a taxa básica de juros e podem fixá-la no patamar que quiserem. Não há nada que impeça um banco central de fixar a taxa básica no nível em que bem entender. A afirmação irá provocar indignação da grande maioria dos especialistas. Ora, exclamarão, o banco central tem obrigação de zelar pela estabilidade dos preços e o controle da inflação! Se o banco central resolver por conta própria baixar a taxa de juros irá perder o controle da inflação. Peço ao leitor que tenha paciência, que refreie seus impulsos de abandonar a leitura ao se deparar com tal heresia.

O fato de um banco central ter efetivamente a capacidade de fixar a básica não significa que possa decidir de forma aleatória, sem nenhum critério, em que patamar fixá-la. Pelo contrário, justamente porque tem o poder de fixar a taxa básica, deve ajustá-la tendo como objetivo o melhor desempenho da economia. Para isso, é consenso que o banco central deve procurar manter a inflação dentro das metas, preservar a saúde do sistema financeiro e não comprometer o crescimento da economia. Para que fique claro: o banco central pode fixar a taxa de juros no nível em que lhe parecer mais adequado, mas sempre com o objetivo de cumprir de forma responsável o seu mandato de guardião da estabilidade da moeda e do sistema financeiro. Para isso, deve estar protegido de pressões espúrias e pautar-se exclusivamente pelos princípios conceituais que inspiram a boa condução da política monetária. A questão--chave então é saber se os princípios conceituais que pautam a atuação do banco central estão corretos.

A pergunta pode parecer mera retórica, pois como poderiam não estar corretos, se são os ensinados nas melhores escolas de economia e aceitos pela absoluta maioria dos especialistas? Ocorre que toda a macroeconomia está sendo questionada. A grande crise financeira das economias avançadas de 2008 deixou claro que algo estava errado na condução da política macroeconômica. Justamente quando a academia se vangloriava de ter entendido como controlar os ciclos e garantir a prosperidade econômica, o sistema financeiro implodiu numa crise que poderia ter levado a uma depressão ainda mais profunda que a dos anos 1930. Foi a atuação altamente heterodoxa dos bancos centrais, liderados pelo Fed americano, que impediu o colapso da economia mundial. Ao baixar a taxa básica de juros para próximo de zero e expandir as reservas bancárias — isto é, emitir moeda, numa velocidade e proporção nunca vistas —, os bancos centrais salvaram a economia mundial, mas implodiram a teoria macroeconômica. O que ocorreu desde então — juros básicos próximos de zero por mais de dez anos, base monetária multiplicada por fatores superiores a dez e os passivos dos bancos centrais chegando a 75% do PIB, como no caso dos Estados Unidos, sem que a inflação mostrasse nenhum sinal de aceleração — demonstrou de forma clara e cabal que a teoria monetária não correspondia à realidade. Estava simplesmente errada.

Hoje se sabe que a Teoria Quantitativa da Moeda, que durante todo o século passado inspirou a condução dos bancos centrais, não apenas pressupunha que os bancos centrais pudessem controlar a base monetária — o que nunca, simplesmente nunca foi verdade — como estava equivocada sobre a relação entre a moeda e a inflação. Aposentada sem maiores explicações no início deste século XXI, a TQM foi substituída por uma regra heurística para a fixação da taxa de juros. De inspiração wickselliana, a chamada Regra de Taylor sugere que o banco central deva aumentar ou reduzir a taxa básica em proporção acima dos desvios para cima ou para baixo da inflação em relação às metas estabelecidas. A base para isso é a suposição de que o aumento da taxa básica tenha efeito moderador sobre a demanda agregada e, através da redução da pressão sobre a oferta, reduza a inflação. Essa relação inversa entre a demanda agregada e o nível geral de preços, entre a capacidade ociosa e o desemprego na economia e a inflação, durante muitas décadas captada pela Curva de Phillips, desde a grande crise financeira de 2008 parece ter se tornado bem menos acentuada, ou até mesmo desaparecido.[2]

A teoria monetária contemporânea

Não pretendo retomar aqui o tema da grande crise que se abateu sobre a macroeconomia, que já discuti em artigos anteriores.[3] Basta observar que a regra de política monetária, hoje predominante e adotada pelos bancos centrais, estabelece uma função de reação para a fixação da taxa de juros. A Regra de Taylor dita em que condições a taxa de juros deve ser elevada ou reduzida, mas nada tem a dizer sobre o nível da taxa de juros. Supõe-se, com inspiração no modelo de equilíbrio geral de WAD, que a mesma taxa que mantém a inflação estável dentro das metas coincida com a taxa que equilibra os mercados a pleno emprego. Dito de outra forma: que a taxa natural de Wicksell determine a taxa financeira real de juros, que coincida com a taxa própria de retorno do capital, a EMK de Keynes. Assim sendo, de acordo com os corolários de eficiência do modelo de equilíbrio geral de referência, ao manter a inflação estável, seguindo uma regra heurística para a taxa de juros, o banco central estaria ao mesmo tempo estabilizando o crescimento e garantindo o pleno emprego. Não é preciso dizer que a evidência é flagrantemente contrária a essa suposição.

Embora pretendam fazer acreditar que tenham um arcabouço teórico sólido e empiricamente comprovado, os bancos centrais hoje navegam sem nenhuma orientação fundamentada, apenas reagindo aos desvios da taxa de inflação em relação às metas. O sucesso do sistema de metas, acoplado a uma função de reação para a taxa de juros, comprova que a intuição de Knut Wicksell estava correta. A dinâmica do nível geral de preços é como a de um cilindro sobre um plano rugoso cuja inclinação é dada pela pressão da demanda agregada, mas não há nada que ancore o nível geral de preços. Um século antes de a TQM ser aposentada, Wicksell já havia entendido que não é a quantidade de moeda que determina o nível geral de preços, mas, como ele próprio reconhece com indisfarçável desalento, não dispunha de uma teoria alternativa. A ideia de que não exista uma âncora real para o nível de preços, de que a inflação seja apenas uma questão de expectativas, não ocorreu a Wicksell. A importância das expectativas em todas as áreas da economia ainda não tinha sido compreendida.

A pressão da demanda agregada, como sempre se soube, afeta os preços e cria expectativas de inflação, mas não é condição necessária nem suficiente para determinar a inflação, que é essencialmente uma questão de expectativas coletivas, contexto no qual o que importa é avaliar corretamente as expectativas dominantes. Como são as expectativas da maioria que irão determinar a taxa de inflação, é mais importante saber o que pensa a maioria do que ter uma opinião própria fundamentada. Keynes, com sua habitual perspicácia, fez uma analogia entre situações como essas e os concursos de beleza, em que para acertar o vencedor é mais importante saber quem a maioria acha bonito do que quem você de fato considera o melhor candidato.

Alguns preços relevantes, como a taxa de câmbio, os salários e os preços dos combustíveis, funcionam como sinalizadores das expectativas coletivas. Quando o banco central tem credibilidade, as metas anunciadas para a inflação também são importantes balizadores das expectativas. Com o sucesso na estabilização da inflação, desde que adotou o sistema de metas, o Banco Central do Brasil ganhou credibilidade. A inflação está dentro das metas e a taxa básica de juros é hoje a mais baixa desde o Plano Real. A inflação crônica da segunda metade do século xx foi finalmente derrotada, mas a produtividade está estagnada e o crescimento, muito abaixo do observado nas demais economias no mesmo estágio de desenvolvimento. Causa perplexidade que a economia de um país com os recursos e a população que tem o Brasil se mostre incapaz de crescer como as de seus pares.

No momento, a tese mais em voga para justificar a estagnação da produtividade e o baixo crescimento é que o crescimento do Estado e das despesas públicas asfixia o setor privado e paralisa a economia. Nas últimas décadas, houve de fato um enorme aumento das despesas correntes do governo. A histórica tradição de um Estado inchado, ineficiente e patrimonialista foi levada ao paroxismo durante os anos do governo do PT. A rápida desaceleração do crescimento demográfico e o sucesso de grupos organizados — sobretudo de servidores públicos — para garantir condições extraordinárias na legislação resultou num déficit crescente do sistema de repartição da Previdência. Com a carga tributária em torno de 34% do PIB, equivalente às mais altas entre as economias desenvolvidas, a capacidade de o governo investir sem provocar grandes déficits orçamentários está seriamente limitada, como atesta a dramática queda das taxas de investimentos públicos dos últimos anos.

Desqualificação a priori

Curiosamente, a possibilidade de que a taxa de juros alta demais possa estar por trás tanto do estrangulamento fiscal como da estagnação da produtividade e da queda do investimento nunca foi levada a sério pelos responsáveis pela condução da política monetária. Tratada como mera ignorância dos fundamentos macroeconômicos — ou com mais frequência como pura demagogia — pelos especialistas que pontificam na mídia, uma hipótese altamente plausível nunca foi refutada com argumentos racionais.

Trata-se de uma hipótese altamente plausível porque, como é trivial constatar e não há quem discorde, os juros altos aumentam o serviço da dívida e desestimulam o investimento. A opinião dominante é que, como não há alternativa, pouco importa se os juros altos devem ou não ser responsabilizados pelo estrangulamento fiscal e pelo baixo crescimento. Os juros são o que são e, nas condições prevalecentes, não haveria como baixá-los. Estão altos porque os investidores exigem taxas altas para refinanciar uma dívida alta de um governo deficitário. São o desequilíbrio fiscal e o peso da dívida pública que impõem os altos juros para o financiamento do governo, não os juros altos que sobrecarregam o custo da dívida, reduzem o crescimento e aumentam a relação entre a dívida e o PIB.

Essa justificativa seria perfeitamente válida se a dívida pública brasileira fosse, como já foi no passado, uma dívida externa, denominada em moeda estrangeira e carregada por investidores externos. Não é o caso: a dívida pública brasileira é hoje uma dívida interna em sua quase integralidade, com mais de 95% do total denominado em reais. A estrutura de custo do financiamento de uma dívida interna denominada na moeda nacional fiduciária é baseada na taxa básica de juros. É a taxa básica de juros, a taxa fixada pelo Banco Central para as reservas bancárias, que determina a base de toda a estrutura a termo das taxas de juros da dívida. Como os títulos públicos são negociados com reservas bancárias no Banco Central, no chamado Sistema Especial de Liquidação e Custódia, ou Selic, é o custo das reservas bancárias, a taxa básica de juros — também conhecida como a taxa Selic — que estabelece o custo de carregamento da dívida.

No jargão financeiro, o custo de carregamento é o custo de financiamento de um ativo. No caso da dívida pública, o custo de financiamento para o sistema financeiro é dado pela taxa de juros nas reservas bancárias. Como essa é a taxa de referência, a taxa que se deve utilizar para calcular se vale ou não a pena comprar títulos do Tesouro, toda a estrutura de taxas para títulos de diferentes prazos de vencimento é função dessa taxa básica.

A taxa básica e o custo da dívida

Títulos de vencimentos mais longos pagam um prêmio sobre a taxa básica porque, como exigem uma estimativa do custo de carregamento até datas mais distantes, implicam maior risco de que possam vir a ter um retorno inferior ao custo de seu financiamento até a data de resgate. Essa é a única razão para que títulos públicos de mais longo prazo paguem juros superiores aos de curto prazo. As duas razões adicionais por trás de uma estrutura a termo de taxa de juros — o risco de crédito e o risco de iliquidez — não existem quando a dívida é denominada em moeda nacional e de responsabilidade de um Estado que emite a sua moeda fiduciária. Esse é o ponto central da distinção entre uma moeda fiduciária e uma moeda de lastro metálico, ou ainda de uma moeda sob o controle de uma instituição que não está subordinada ao Estado emissor da dívida.

Um Estado que emite a sua própria moeda fiduciária só irá deixar de servir a sua dívida por opção política, nunca por incapacidade financeira. Pela mesma razão, numa eventual crise de iliquidez, o banco central, como agente emissor, será sempre capaz de recomprar ou de refinanciar os títulos em poder do mercado. Não existem riscos de crédito nem de iliquidez associados a títulos da dívida pública de um Estado emissor de sua moeda fiduciária.

A dívida pública mobiliária brasileira é hoje quase que integralmente denominada em moeda nacional e carregada por investidores cuja referência é o custo de financiamento estabelecido pela taxa básica das reservas bancárias. Quase 25% da dívida é financiada através de "operações compromissadas", que são reservas bancárias tomadas do mercado a curtíssimo prazo pelo Banco Central, com lastro em títulos do Tesouro mantidos em sua carteira.

Se o Banco Central tivesse permissão para pagar juros sobre as reservas bancárias, as operações compromissadas seriam substituídas por reservas voluntárias do sistema bancário. Como o Banco Central não precisaria mais de títulos do Tesouro para servir de lastro das reservas tomadas do sistema bancário, a dívida do Tesouro seria reduzida na proporção dessas operações compromissadas. Essa dívida, que hoje está perto de 75% do PIB, ficaria reduzida a 50% do PIB. O passivo do setor público consolidado, Tesouro e Banco Central, continuaria a ser o que é, mas a dívida pública teria uma redução expressiva. Como hoje as operações compromissadas correspondem aproximadamente ao valor das reservas internacionais do Banco Central, também quase 25% do PIB, a dívida do Tesouro cairia para o que é hoje o valor da dívida líquida das reservas internacionais.

Assim como as operações compromissadas, também as Letras Financeiras do Tesouro, LFTs, títulos indexados à taxa Selic, poderiam, com vantagens, ser substituídas por reservas voluntárias remuneradas no Banco Central. As LFTS correspondem hoje a mais de 30% da dívida mobiliária. Se somadas às compromissadas e transformadas em reservas remuneradas no Banco Central, a dívida mobiliária do Tesouro cairia para menos da metade do que é hoje, ou seja, um pouco mais de 35% do PIB. Nada de substantivo mudaria, pois o passivo do setor público, consolidado, somando Tesouro e Banco Central, continuaria o mesmo, mas o exercício serve para demonstrar como são arbitrárias as definições de dívida pública. Por isso mesmo, podem ser manipuladas para assustar ou tranquilizar, de acordo com o interesse do freguês. Definições contábeis são importantes. A moeda fiduciária é dívida pública. Embora não emitida pelo Tesouro, mas por um banco central, a moeda é dívida pública, pois esse banco central é uma agência do Estado. O fato de não pagar juros não faz a moeda deixar de ser dívida do Estado, assim como títulos públicos com juros zero, ou mesmo negativos, como já foram emitidos recentemente pela Suíça e pelo Japão, não os transformam em moeda. A teoria econômica nada tem a dizer sobre a existência de um limite para a dívida pública, seja emitida em forma de moeda do banco central, seja em forma de títulos do Tesouro, mas a evidência empírica, sobretudo depois da crise de 2008 e da experiência do Quantitative Easing, não deixa dúvida de que, se esse limite existir, depende em enorme medida das condições objetivas da economia e das expectativas. O que a experiência histórica demonstra, sem sombra de dúvida e mais uma vez confirmado na crise de 2008, é que a iliquidez, sobretudo quando provocada pela súbita contração de crédito diante de uma reversão das expectativas, é profundamente desorganizadora da economia.

A teoria monetária a reboque da prática

O Estado, através do banco central, é o grande supridor de liquidez da economia. É o banco central — e só o banco central, como o agente capaz de suprir reservas bancárias — que tem capacidade de expandir a liquidez primária — a base monetária — quando a liquidez secundária — o crédito bancário — se contrai em momentos de perda de confiança nos mercados. O banco central controla o preço da liquidez, através da taxa básica de juros sobre as reservas bancárias, e garante que a quantidade demandada será ofertada. A insuficiência de liquidez impede o bom funcionamento dos mercados e da economia. O excesso de liquidez pode levar a bolhas de preços de ativos e a crises quando a confiança se reverte. Tanto a insuficiência como o excesso de liquidez são resultantes de fatores institucionais e psicológicos do mercado financeiro, não do preço da liquidez primária, das reservas bancárias, determinado pela taxa básica de juros. Essa constatação, que só se tornou evidente após a crise financeira de 2008, foi o que levou ao desenvolvimento de novas formas de regulamentação e de atuação dos bancos centrais.

Se o preço das reservas bancárias, a taxa básica de juros, é um instrumento incapaz de controlar a liquidez na economia, mas determina toda a estrutura de custos da dívida pública, a taxa de juros deve ser fixada com o objetivo de reduzi-lo. Outras medidas institucionais e regulatórias devem ser tomadas para balizar as expectativas e evitar que a liquidez criada pelo sistema financeiro provoque bolhas especulativas. Ao usar a taxa básica para o controle da liquidez e da inflação, os bancos centrais se equivocam sobre o papel da taxa de juros. Utilizam um instrumento poderoso com o objetivo errado. O efeito da taxa de juros no controle da liquidez e de inflação é questionável, mas o seu efeito sobre o custo da dívida pública é inquestionavelmente perverso.

Uma vez compreendido que a taxa de juros é o principal determinante do custo da dívida, fica evidente que a manter por períodos prolongados de tempo acima da taxa própria de retorno do capital da EMK de Keynes é gravíssimo equívoco. Como a taxa de crescimento da economia no longo prazo é função do investimento, que é determinado pela taxa de retorno

O EQUÍVOCO DOS JUROS ALTOS

do capital, fixar a taxa financeira acima da EMK garante que a relação entre a dívida e o PIB será crescente, na ausência de sustentados superávits fiscais primários.

Keynes compreendeu que, ao longo da história, a taxa financeira sempre foi mais alta do que o desejável e que a teoria clássica, ao confundir a taxa financeira de juros com a EMK, equivocadamente supõe que a taxa financeira não esteja sob controle do banco central, mas resulte do equilíbrio de mercado entre a poupança e o investimento. No penúltimo capítulo de *Teoria geral*, cujo longo título é "Notas sobre o mercantilismo, as leis contra a usura, o dinheiro carimbado e as teorias do subconsumo", Keynes afirma que foi levado a acreditar que a atitude da igreja medieval em relação à taxa de juros era inerentemente absurda. Achava que a elaborada discussão dos jesuítas, com o objetivo de distinguir os juros nos empréstimos monetários do retorno dos investimentos reais, era uma mera tentativa de encontrar uma saída prática para uma teoria tola. Com o tempo, compreendeu que essas discussões eram um honesto esforço intelectual para desfazer a inextrincável confusão que a teoria clássica havia feito entre a taxa de juros e a eficiência marginal do capital.

Logo a seguir, Keynes dedica toda uma seção do capítulo para comentar as ideias de Silvio Gessel, um autor, em sua opinião, indevidamente negligenciado. Nascido na Alemanha, Gessel fez fortuna na Argentina e foi ministro da Fazenda da Baviera por quinze dias. Keynes afirma que a sua contribuição para a teoria da moeda e dos juros começa pela clara distinção entre a taxa de juros e a eficiência marginal do capital. Para Gessel, é a taxa de juros que impõe um limite à taxa de crescimento do capital. Sem o freio imposto pela alta taxa de juros financeira, haveria muito mais investimento, e o crescimento do capital real seria tão rápido que a queda

153

da EMK obrigaria a taxa de juros a ser ainda mais baixa e até mesmo negativa. Gessel discute a viabilidade de juros nominais negativos, através de um burocrático sistema de cédulas que precisariam ser periodicamente carimbadas, o que imporia um custo a quem quisesse carregar moeda, antecipando a questão de como escapar do limite inferior nulo para a taxa de juros.

No mundo contemporâneo, os juros já estão muito próximos de zero, a moeda digital já permite taxas nominais negativas, mas a teoria econômica ainda não entendeu a distinção entre a taxa de juros e a taxa de retorno do capital, a EMK. Enquanto a EMK é função da tecnologia e de forças econômicas que estão fora do alcance das autoridades monetárias, a taxa de juros está sob o controle direto do banco central. A EMK é o principal determinante da taxa de investimento, e portanto da taxa de crescimento de longo prazo. A responsabilidade primordial do banco central, num país onde a moeda é fiduciária, é garantir a oferta de liquidez a uma taxa de juros inferior à EMK.

Ao longo da história, enquanto prevaleceu a moeda metálica, predominou uma iliquidez crônica. Com o desenvolvimento do sistema financeiro e do crédito bancário, a liquidez crônica foi superada, mas os surtos de pânico e as corridas bancárias continuaram a provocar graves crises de iliquidez. Depois da Grande Depressão dos anos 1930, com o fim do padrão-ouro, os bancos centrais passaram a atuar como emprestadores de última instância e garantir a oferta de liquidez, também e sobretudo, em momentos de crise de confiança bancária.

Depois da crise de 2008, os bancos centrais compreenderam que, numa situação de reversão das expectativas do mercado de crédito, baixar a taxa de juros não seria suficiente para evitar a crise de liquidez. Criaram então novas formas de emissão primária de liquidez, através da compra de grandes volumes de títulos, tanto públicos como privados, para compensar a contração do crédito bancário. Entenderam também que, durante o período de euforia, a alta taxa de juros não é suficiente para evitar a expansão excessiva do crédito bancário e a formação de bolhas especulativas. Elaboraram uma regulamentação com limites mais rigorosos e introduziram uma série de restrições contábeis, que ficaram conhecidas como "medidas macroprudenciais", para a melhor condução da política monetária. O Fed norte-americano, ao manter a taxa básica de juros próxima de zero, mesmo depois que a economia deu sinais inequívocos de que estava em recuperação e que o desemprego havia caído, aparenta ter compreendido o que a teoria macroeconômica ainda não parece ter incorporado: a taxa básica tem pouca ou nenhuma influência sobre a inflação e muita sobre o custo da dívida e sobre o investimento.

Assim como aconteceu com a substituição da base monetária pela taxa básica de juros, quando a prática se antecipou e obrigou à revisão da teoria, há indícios de que, mais uma vez, a teoria macroeconômica está defasada em relação à prática. Não faz sentido manter a taxa básica acima da EMK e da taxa de crescimento de longo prazo. O objetivo da política monetária deve ser garantir a liquidez e a saúde do sistema financeiro, evitando bolhas especulativas através de medidas regulatórias — ou "macroprudenciais" — e garantir que a taxa de juros fique abaixo da EMK e da taxa de crescimento de longo prazo da economia. Diferentemente da regra heurística, hoje adotada para tentar controlar a inflação, trata-se de um objetivo que tem sustentação intelectual clara e inquestionável. Mas, como Keynes observou, a dificuldade não está nas novas ideias, mas em escapar das velhas, das formas arraigadas de pensar

CONSENSO E CONTRASSENSO

e de expressão. A influência da teoria econômica moderna é comparável à das religiões, pois é bem mais difícil exorcizar o óbvio do que levar as pessoas a acreditar no recôndito e no irracional. Mais uma vez, o extraordinário feito da teoria econômica foi superar as crenças do homem comum e, ao mesmo tempo, estar errada.

PARTE II

8
A moeda do futuro[*]

A SUPERAÇÃO DA CRISE DE 2008 nas economias do hemisfério Norte e o desenvolvimento da tecnologia digital, sobretudo a de arquivos descentralizados, conhecida como DLT (a partir do termo em inglês Distributed Ledger Technology), levou a uma mudança dos temas predominantes na discussão sobre políticas monetárias. Afrouxamento quantitativo, taxas de juros negativas e outras formas heterodoxas de política monetária cederam espaço para a discussão sobre as implicações do avanço da tecnologia digital para o sistema financeiro e para a condução da política monetária. São questões altamente relevantes para o Brasil.

A inflação está sob controle, mas, apesar de a taxa básica de juros ter se reduzido significativamente, o crédito continua escasso e caro. O alto custo do crédito é importante detrator do investimento, sem o qual não haverá crescimento sustentado.

---

[*] Publicado originalmente pelo jornal *Valor Econômico*, em 27 abr. 2018.

O crédito subsidiado, que durante tanto tempo prevaleceu no Brasil, sempre questionável, hoje é inviável em termos fiscais. Essa foi a principal razão evocada para acabar com a taxa de juros subsidiada do BNDES. O país enfrenta uma gravíssima crise, e o déficit das contas públicas não dá sinal de se reduzir na velocidade necessária. Pelo contrário, tudo indica que, sem o reequilíbrio da Previdência, a relação entre a dívida pública e a renda continuará a crescer. Fica difícil justificar o subsídio ao crédito. Além do mais, uma das possíveis explicações para as altas taxas de juros é o fato de que a política monetária aqui é pouco eficiente. Com empréstimos subsidiados, feitos a taxas de juros insensíveis à variação da taxa básica, o Banco Central seria obrigado a levar os juros a níveis muito mais alto do que o necessário, caso todo o sistema respondesse à taxa básica.

A tese faz sentido, e já me pareceu mais relevante para explicar a ineficiência da política monetária no Brasil. Ocorre que, após a crise financeira das economias desenvolvidas de 2008, os limites da política monetária — ou mais precisamente da política de juros, que é apenas um dos elementos da atuação dos bancos centrais contemporâneos — foram explicitados. Enquanto aqui as taxas de juros são mantidas em níveis altos demais, nos países avançados, ameaçados de deflação, os juros esbarraram no seu limite inferior, o das taxas nulas. Os limites da política de juros, em condições de inflação muito alta ou muito baixa, têm dado margem a controvérsias e levado à revisão da macroeconomia. Não apenas no Brasil, mas em toda parte, a política de juros parece ter menor alcance e limites mais estreitos do que se supunha.

O cerne do problema está na evolução do sistema financeiro. Quanto mais sofisticado o sistema financeiro, mais líquidos são todos os tipos de ativos, o que faz com que a distinção entre moeda e crédito se torne menos relevante.

Sistemas financeiros sofisticados são capazes de expandir e de destruir crédito e liquidez sem depender dos bancos centrais até que ocorra uma grande crise de confiança. Ao criar e destruir liquidez à revelia da atuação da política de juros do banco central, o sistema financeiro torna a política de juros menos eficiente. Quanto mais sofisticado o sistema financeiro menor é a vinculação entre a taxa de juros básica e a liquidez. Por isso, depois da grande crise financeira de 2008, os bancos centrais foram obrigados a rever sua forma de atuar, com políticas que vão muito além da política de juros. A criação de liquidez através da recompra maciça de títulos, tanto públicos como privados, denominada Quantitative Easing (QE), é o exemplo mais importante do novo cardápio de medidas, chamadas de macroprudenciais, que passaram a fazer parte do arsenal de atuação das autoridades monetárias.

A nova forma de atuar dos bancos centrais explicitou a estreita vinculação entre as políticas monetária e fiscal. A política de juros do banco central é um importante determinante do custo da dívida pública, por isso as políticas monetária e fiscal nunca foram independentes. Desde a crise de 2008, os balanços dos bancos centrais cresceram tanto que hoje representam parte expressiva da dívida pública consolidada. A política dos bancos centrais tem agora, mais do que nunca, expressivo impacto fiscal. A ainda mais estreita vinculação entre as políticas monetária e fiscal coincide com o avanço da tecnologia de pagamentos, que poderá vir a restringir ainda mais a eficácia da tradicional política de juros dos bancos centrais. O avanço da tecnologia sobre o sistema de pagamentos tem reduzido rapidamente o uso, e portanto a demanda, da moeda tradicional. Tanto o papel-moeda em circulação como as reservas bancárias no banco central, aquilo que se convenciona chamar de base monetária, está a caminho, se não da extinção, da irrelevância.

161

Os novos sistemas de pagamentos eletrônicos, que atuam como plataformas alternativas ao sistema bancário, reduzem a necessidade de base monetária na economia, mas como só o papel-moeda ou as reservas no banco central servem como última instância de pagamento, não podem ainda prescindir do sistema bancário. Isso pode vir a mudar com a criação de uma criptomoeda descentralizada emitida pelos bancos centrais, ou mesmo com a generalização das moedas virtuais privadas. A primeira e a mais conhecida das criptomoedas privadas, o bitcoin, não é uma verdadeira moeda. A altíssima volatilidade do valor do bitcoin, assim como o das inúmeras criptomoedas que hoje pipocam por toda parte, não permite que os preços sejam cotados nessas ditas moedas. Enquanto tiverem altíssima volatilidade, não servirão de referência para cotação de preços, nem como unidade de conta. Por isso, são tecnicamente definidas como criptoativos financeiros. Não são moedas, mas ativos financeiros digitais criptografados.

A grande contribuição do bitcoin foi a tecnologia, verdadeiramente revolucionária, por trás da ideia: o *blockchain*. Com o *blockchain*, cuja denominação genérica hoje é DLT, é possível transferir a propriedade de ativos — assim como de qualquer documento — de forma descentralizada. As implicações disso poderão ser tão revolucionárias quanto foi a internet, que permitiu a divulgação descentralizada da informação. Um sistema de pagamentos baseado em DLT dispensará tanto a custódia como a liquidação centralizada e revolucionará o funcionamento do sistema de pagamentos.

Quanto ao papel que poderão vir a desempenhar as criptomoedas digitais de emissão privada, não há consenso. A grande maioria dos analistas, entre os quais me incluo, acredita que se trata de um modismo que alimenta uma bolha especulativa que, ao menos por enquanto, não oferece perigo. Curiosamente, pode-se perceber que há uma clivagem geracional na avaliação das criptomoedas: os mais jovens são bem menos céticos quanto ao seu futuro. Seja como for que se avaliam as criptomoedas privadas, o fato é que a tecnologia e o extraordinário interesse despertado por elas levaram a um reexame de algumas questões básicas. Há hoje uma renovada discussão sobre o que é a moeda — se podem existir boas e más moedas, qual o sistema de pagamentos mais eficiente e qual o papel dos bancos centrais.

Quando se procura definir a moeda, suas três propriedades clássicas — ser unidade de conta, meio de pagamento e reserva de valor — são imediatamente lembradas. Essas são as funções clássicas da moeda, mas não sua definição. Das muitas tentativas de defini-la, a que me parece mais abrangente e fecunda é aquela que vê a moeda como um sistema de registro de débitos e créditos, acessível de forma eficiente e segura para todos, que desfruta de credibilidade pública. A moeda é uma convenção que tem credibilidade. Como toda convenção, está sujeita a evoluir com a mudança dos usos e costumes, das instituições e da tecnologia. A moeda contemporânea está em fase de rápida evolução. Existe hoje um grande número de formas alternativas da moeda, que podem ser classificadas segundo quatro caraterísticas básicas:

1. Emissor público ou privado;
2. Existência física ou eletrônica;
3. Acesso generalizado ou restrito;
4. Transferência e registro centralizados ou descentralizados.

Alguns exemplos ajudam a entender a classificação. A moeda papel tem emissor público, é física, de acesso irrestrito e tem transferência descentralizada. As reservas bancárias nos bancos centrais têm emissor público, são eletrônicas, têm acesso restrito aos bancos e transferência centralizada. As chamadas criptomoedas atuais, como o bitcoin, têm emissores privados, são eletrônicas, têm acesso irrestrito e são transferidas de forma descentralizada através de DLT.

As criptomoedas privadas de hoje têm problemas demais para virem a se tornar predominantes. A alta volatilidade, o risco cibernético e sobretudo o custo energético do processo de "mineração" fazem com que ainda não constituam ameaça às moedas oficiais, mas o interesse que despertaram é indicação de que essa possibilidade não pode ser descartada por completo. Moedas de emissão privada foram comuns ao longo da história. A tentação dos emissores de reduzir o seu conteúdo metálico em relação ao seu valor de face, num processo conhecido na literatura como *debasement*, foi sempre uma ameaça à sua credibilidade. A questão é que também as moedas oficiais, emitidas pelos Estados nacionais, nunca estiveram livres do risco de *debasement*. Com o tempo, o lastro metálico das moedas desapareceu, e a moeda se tornou totalmente fiduciária. Sua credibilidade está baseada na confiança de que o emissor não irá abusar do seu poder de senhoriagem e que o banco central garantirá a relativa estabilidade do seu poder de compra. A credibilidade da moeda fiduciária depende da percepção de que o banco central está protegido de pressões políticas espúrias e que tem competência para garantir a estabilidade do sistema de pagamentos.

À medida que a moeda e o sistema de pagamentos evoluem, também a atuação dos bancos centrais deve evoluir. No passado, os bancos de depósitos, precursores dos bancos centrais, deveriam garantir o lastro metálico de suas moedas. Com a consolidação das moedas exclusivamente fiduciárias, criou-se uma regra quantitativa para a emissão de moeda, baseada na conhecida Teoria Quantitativa da Moeda. Desde o início deste século, as metas quantitativas foram abandonadas, e os bancos centrais passaram a utilizar uma regra para a taxa básica de juros, associada a metas para a inflação. A evolução tecnológica dos sistemas de pagamentos será um novo desafio para os bancos centrais.

Nos últimos anos, vários bancos centrais, inclusive o Fed norte-americano, passaram a utilizar depósitos remunerados para o sistema bancário como instrumento de controle da liquidez. No Brasil, já há um projeto em andamento para autorizar sua utilização pelo Banco Central. Atentos à rápida evolução tecnológica, os bancos centrais estudam também a possibilidade de emissão de uma moeda digital, que poderá vir a substituir o papel-moeda. A chamada moeda digital dos bancos centrais, ou cbdc, da sigla em inglês para Central Bank Digital Currency, assim como o papel-moeda, seria transferida de forma descentralizada, peer-to-peer, através da dlt. A combinação de depósitos remunerados no banco central — não apenas para os bancos comerciais, mas para todas as chamadas instituições de pagamento, inclusive as novas fintechs, instituições financeiras que utilizam exclusivamente plataformas digitais — revolucionará o sistema de pagamentos. Os ganhos de eficiência serão enormes. Os pagamentos e as transferências passarão a ser imediatos, em tempo real, a partir dos celulares. Os absurdos prazos para liquidação, assim como os altíssimos custos do sistema hoje no Brasil, serão significativamente reduzidos.

O alto custo do crédito no Brasil é problema conhecido e amplamente debatido. O alto custo de sistema de pagamentos é uma questão menos visível, mas tão grave quanto o do crédito. Há hoje consciência de que a concentração bancária se tornou excessiva. A revolução digital, se bem entendida e aproveitada pelas autoridades monetárias, se encarregará de reverter a concentração e aumentar a eficiência do sistema.

9
A plataforma digital nacional*

A FRUSTRAÇÃO EM RELAÇÃO À RETOMADA do crescimento intensificou a consciência da gravidade do momento. A tarefa mais urgente, sem a qual não se pode pensar em atacar nossos problemas atávicos, é reverter a trajetória explosiva da dívida pública. Por mais que a proximidade das eleições estimule as bravatas, é sabido que o problema não é simples. Cortar gastos é politicamente difícil, legalmente complexo e socialmente penoso. A necessidade da reforma da Previdência, hoje quase um consenso, já estava evidente há duas décadas, mas, de forma irresponsável, foi sendo adiada. Cortar benefícios, sobretudo num país pobre e desigual, é tarefa ingrata. Infelizmente, não há outra saída.

Como ninguém se elege prometendo apenas sangue, suor e lágrimas, os candidatos acabam por minimizar a gravidade dos problemas. Apresentam soluções mirabolantes, propostas

---

* Publicado originalmente pelo jornal *Valor Econômico*, em 6 set. 2018.

impraticáveis e absurdas. No entanto, o avanço da tecnologia hoje tornou viável uma iniciativa relativamente simples, que pode reduzir a burocracia, facilitar o acesso aos serviços públicos e ainda aumentar a produtividade e a inclusão social. O verdadeiro inferno a que está submetido todo cidadão obrigado a se relacionar com o Estado, tanto para cumprir suas obrigações como para exercer seus direitos, é um dos grandes fatores de redução do bem-estar e da qualidade de vida. O cipoal de trâmites burocráticos da vida contemporânea é um suplício para o trabalhador e grave detrator da produtividade das empresas.

Segundo estudo publicado pelo Banco Interamericano de Desenvolvimento, o número de horas gastas para completar um trâmite burocrático é de 5,4 na América Latina. Ou seja, para registrar um filho, tirar um documento de identidade ou de habilitação para dirigir, perde-se em média todo esse tempo. No Brasil, o tempo médio gasto é um pouco acima da média da América Latina e mais do que o dobro do necessário no Chile. O tempo perdido é o componente mais relevante do custo de um trâmite burocrático, mas não o único. Também o número de repartições e guichês pelos quais se é obrigado a passar, a quantidade de documentos que devem ser obtidos e apresentados, o número de formulários a serem preenchidos — enfim, a complexidade de todo o procedimento exigido é também determinante do custo burocrático. No Brasil, 28% dos trâmites oficiais exigem mais de três iterações, ou seja, é preciso ir ou voltar mais de três vezes a algum guichê. E somos também pródigos em número de trâmites: só na esfera federal, existem 1740 procedimentos burocráticos.

Os procedimentos burocráticos feitos on-line, através da internet, são muito mais eficientes e custam infinitamente menos. Ainda segundo o BID, os trâmites digitais na América Latina são, em média, 74% mais rápidos e custam menos de 5% do custo dos trâmites presenciais. Por isso, no Brasil como em quase toda parte, o esforço de digitalização já foi iniciado e está relativamente avançado. Em 2017, a percentagem dos trâmites que podem ser iniciados on-line era de 75,4%, muito próxima dos 81% observados para a União Europeia. Já o percentual de trâmites passíveis de serem integralmente feitos por via digital é de apenas 35%. Vários fatores explicam a dificuldade para implementar procedimentos digitais de ponta a ponta. O acesso à internet e o nível de escolaridade da população, por exemplo. Entretanto, o grande empecilho para a completa digitalização é a exigência do comparecimento do interessado em alguma fase do procedimento. A presença física é exigida para garantir a identificação. É a necessidade de saber se a pessoa é realmente quem afirma ser que exige todo tipo de garantias. Em nome de reduzir fraudes, criam-se exigências burocráticas, e o contato pessoal se torna indispensável. A existência de uma identificação segura reduziria a burocracia não apenas no relacionamento com o Estado, mas também nas trocas comerciais. Todos os procedimentos nos serviços, no comércio e no sistema financeiro seriam simplificados.

Pois já existe uma forma de garantir a identificação digital segura. O verdadeiro ovo de colombo da desburocratização é a plataforma única de identidade digital legal. No início dos anos 1990, a Estônia, uma vez independente da União Soviética, foi o primeiro país a adotar uma identidade legal digital única e o precursor da plataforma digital nacional. Hoje, absolutamente tudo, com a exceção de se casar e se divorciar, pode ser feito de forma 100% digital na Estônia. O país oferece até mesmo a cidadania digital para empresas que querem lá se instalar.

A Estônia é um país pequeno, com menos de 2 milhões de habitantes, de população homogênea e educada. É claro que as dificuldades para a digitalização por lá são menores do que em países grandes e desiguais como o Brasil. Por aqui, entretanto, também os benefícios e os ganhos de produtividade advindos da digitalização são potencialmente muito maiores. Esse é o caso da Índia, por exemplo, que já há alguns anos vem trabalhando na direção da digitalização. A plataforma digital única de identidade nacional na Índia, chamada Aadhaar, que começou a ser implantada há pouco mais de cinco anos, é a base sobre a qual o país avança na direção da completa digitalização. Na América Latina, Uruguai e México são países que também já deram início à digitalização.

As experiências da Estônia e da Índia mostram o caminho a ser percorrido. A partir da plataforma nacional de identidade digital, criam-se novos estágios de serviços digitais integrados. O estágio seguinte é o da assinatura digital, que substitui os cartórios analógicos. Com esse mecanismo é possível requisitar e receber documentos, assim como firmar contratos e transferir propriedades. Todo tipo de trâmite legal, como registros, certificados e obtenção de licenças, assim como o pagamento de impostos, o acesso aos benefícios sociais, inclusive previdenciários, pode ser gradualmente incorporado à plataforma. Na Índia, o número de autenticações digitais teve um crescimento exponencial, chegando a mais de 1,5 bilhão por mês no final de 2017, menos de cinco anos depois da introdução do sistema. Da mesma forma, o número total de documentos emitidos digitalmente na plataforma já era superior a 2,4 bilhões.

É fundamental que a plataforma digital seja única. Todos os órgãos públicos devem estar interligados num único sistema nacional. Assim se garante que nunca mais será exigido do cidadão que informe o que já é de conhecimento do Estado. Nunca mais será preciso ir à Polícia Federal, apresentar certidão de nascimento, certidão de casamento, título eleitoral, atestado de reservista e depois ainda ter que ir ao Banco do Brasil pagar uma taxa, apenas para renovar um passaporte.

A plataforma digital nacional deve ter arquitetura aberta, para que a sua utilização não fique restrita a transações entre o cidadão e o Estado. Precisa ser acessível também para as transações entre os indivíduos ou entre entidades privadas. Trata-se um serviço público, aberto a todos. O seu potencial simplificador, de redução de custos e de ganhos de produtividade em todos os setores é verdadeiramente revolucionário. A concentração e a falta de competição do sistema bancário brasileiro são conhecidas. Seu efeito sob a escassez e o custo do crédito é notório. Tão ou mais grave, apesar de bem menos conhecido, é o seu efeito sobre o custo do sistema de pagamentos. As tarifas cobradas no sistema de pagamentos brasileiro são as mais altas do mundo. Acoplando um estágio de pagamento digital à plataforma nacional, revoluciona-se o sistema nacional de pagamentos, tornando-o muito mais rápido, eficiente e competitivo. Os pagamentos podem ser feitos instantaneamente, para a conta de qualquer indivíduo, em qualquer instituição interligada, através de qualquer dispositivo com acesso à internet, com mensagem de confirmação quase imediata.

Um ano e meio depois da introdução do estágio de pagamentos digitais na Índia, em meados de 2016, o sistema já superou o uso de cartões de débito e crédito, tendo atingido perto de 200 milhões de transações por mês. Num país como a Índia, onde a penetração do sistema bancário é relativamente baixa, o processo acelera a chamada "bancarização" da população. No Brasil, muito mais avançado na penetração bancária, o sistema deverá acelerar o fim da moeda papel. O futuro do sistema monetário é ser escritural, com uma moeda exclusivamente digital.

A plataforma digital nacional única não se limita a eliminar a burocracia e reduzir custos — também abre um novo universo de possibilidades. O sistema pode armazenar todo tipo de informação relativa ao cidadão, desde as financeiras até as médicas. No atendimento médico, por exemplo, o acesso ao histórico do paciente, sobretudo nas emergências, pode ser vital. É justamente essa possibilidade de armazenamento de todo tipo de informação que provoca o receio do fim definitivo da privacidade. Não há dúvida, como atesta a dificuldade recente de aprovar por aqui o Cadastro Positivo, que muitas resistências terão que ser vencidas.

O receio de que uma plataforma digital única possa abrir o caminho para o Estado todo-poderoso, o Grande Irmão de Orwell, embora compreensível, não tem fundamento. A tecnologia permite que os dados guardados na plataforma nacional sejam de propriedade do cidadão e só acessíveis ao próprio indivíduo, ou a alguém que tenha sua autorização para isso. De toda forma, a implantação dessa tecnologia exigirá um esforço de informação e de educação da população, para que não haja dúvida sobre a integridade e a inviolabilidade do sistema. Havendo dados, e hoje os dados são ubíquos, haverá sempre o risco de que sejam mal utilizados. Melhor que estejam ordenados e disponíveis para o cidadão, que poderá decidir como utilizá-los. A tecnologia já existe, está disponível e o investimento exigido é relativamente baixo.

Em um momento em que o país se defronta com a inevitabilidade de sacrifícios, obrigado a fazer as reformas que deveriam ter sido realizadas no século passado, a plataforma digital nacional é uma proposta relativamente simples e de baixo custo. Revolucionária de verdade, reduziria a burocracia, aumentaria a produtividade e abriria as portas para o ingresso do Brasil no século XXI.

10
Economia, política e desalento[*]

O SENTIMENTO QUE HOJE dá a tônica no Brasil é o de desalento. Depois de três anos da mais grave recessão da história do país, a economia dá sinais de recuperação, mas ainda não há investimento para garantir um novo ciclo de crescimento. Não há investimento porque a confiança não se recuperou. O país está à espera das eleições presidenciais. A esperança que ainda tempera o desalento é que o presidente eleito em 2018 seja capaz de recolocar o país nos trilhos. Recolocar o país nos trilhos tem diferentes interpretações, mas há um relativo consenso sobre os problemas a serem enfrentados. Corrupção, criminalidade e violência nas cidades, saúde pública, desigualdade de educação e de riqueza são questões que há décadas nos atormentam e só se agravaram. São assuntos eminentemente políticos, que dependem do poder público, questões

---

[*] Publicado originalmente pelo jornal *Valor Econômico*, em 5 jan. 2018, com o título "O que esperar do Brasil em 2018".

impossíveis de serem resolvidas por iniciativas individuais, ou mesmo corporativas, com ou sem fins lucrativos. Temos a impressão de que são problemas nossos, uma especificidade do país que atravessou o século xx sem conseguir chegar ao desenvolvimento, mas a verdade é que são obstáculos que afligem, em maior ou menor grau, todas as grandes democracias contemporâneas. Basta observar os Estados Unidos hoje. A lista acima, dos nossos grandes problemas, seria integralmente aceita para descrever as questões que afligem a mais rica e bem-sucedida democracia contemporânea.

Num pequeno livro publicado originalmente em 1993, *O fim da democracia*, Jean-Marie Guéhenno, diplomata francês e professor da Universidade Columbia, defendia uma tese que, à época, parecia precipitada e provocadora. Sustentava que havíamos chegado ao fim de uma era. O período da modernidade, da democracia, iniciado com o Iluminismo do século xvii, cujo apogeu se deu no século passado, se encerrava com o fim do milênio. Diante do mal-estar que hoje se percebe em toda parte — e não apenas em relação à democracia representativa, mas em relação à própria política —, a releitura do ensaio de Guéhenno nos deixa com a impressão de se tratar de uma reflexão profética sobre a crise deste início de século.

A modernidade se organizou a partir da crença nas instituições democráticas, na força das leis para organizar e controlar o poder. Difundiu-se a tese de que a melhor maneira de regular a convivência e organizar a sociedade era limitar o poder pelo poder, distribuindo-o entre vários polos e instâncias. As construções institucionais que organizam essa distribuição do poder — de maneira que impeça a usurpação por um deles, ou uma colusão entre eles, num delicado equilíbrio de distribuição não apenas do poder, mas também da riqueza — são os mecanismos que caracterizam a democracia moderna.

No passado, antes do enriquecimento que acompanhou a era da razão e da indústria, a riqueza fundiária era o único poder. O poder político não se distinguia do poder econômico. Ser poderoso era, sobretudo, escapar da miséria generalizada. A democracia institucional da modernidade foi um extraordinário progresso em relação à concentração do poder e da riqueza das épocas passadas, mas, nesta passagem de século, as instituições democráticas se tornaram obsoletas. Há dificuldade em admiti-lo, porque não temos o que pôr no lugar da democracia representativa. Não conhecemos uma forma de melhor organizar a sociedade. As palavras democracia, política e liberdade definem o espectro de nossa visão de um mundo civilizado, porém não temos mais certeza de conhecer o seu verdadeiro sentido. Nossa adesão à construção institucional e aos valores da democracia moderna é mais um reflexo condicionado do que uma opção refletida.

O poder novamente associado à riqueza

Com a densidade demográfica e o progresso tecnológico, sobretudo nas comunicações, a sociedade dos homens se tornou grande demais para formar um corpo político. Não há mais cidadãos, pessoas que compartilham um espaço físico e político, capazes de expressar um propósito coletivo. Todos se percebem como titulares de muitos direitos e cada vez menos obrigações num espaço nacional pelo qual não se sentem responsáveis, nem necessariamente se identificam. Na idade das redes, da mídia social, a vida pública e a política sofrem a concorrência de uma infinidade de conexões estabelecidas fora do seu universo.

Longe de ser o princípio organizador da vida em sociedade, como o foi até algumas décadas atrás, a política tradicional passa a ser percebida como uma construção secundária e artificial, incapaz de dar resposta aos problemas práticos da vida contemporânea. Sem a política como princípio organizador, sem homens públicos capazes de definir e representar o bem comum, a pulverização dos interesses, longe de resultar num consenso democrático, leva à radicalização na defesa de interesses específicos e corporativos. Na ausência de um princípio regulador, universalmente aceito como estando acima dos interesses específicos, a tendência é a da radicalização na defesa de seus próprios interesses. Não há mais boa vontade com os que discordam de nós, nem crédito quanto às suas intenções.

Sem confiança e boa-fé, os elementos essenciais do chamado capital cívico, não há como manter viva a ideia de nação, de uma memória e de um destino compartilhado. Num primeiro momento, tem-se a impressão de que a confiança e a boa-fé, vítimas da sociedade de massas, poderiam ser substituídas, sem prejuízo para o bom funcionamento da sociedade, pela institucionalização e pela formalização jurídica das relações. Aquilo que a princípio é um avanço, o domínio da lei, quando levado ao paroxismo, quando se depende da lei e dos contratos jurídicos para regular até mesmo as mais comezinhas relações cotidianas, é sinal inequívoco da erosão do capital cívico. O sistema jurídico se torna o campo de batalha, e os advogados compõem os exércitos de uma guerra em que cada um, cada grupo, se agarra obstinadamente aos seus interesses e "direitos" particulares. Quebrar um contrato, desobedecer à lei, é passível de punição, mas fora dos contratos e da lei tudo é permitido, não há mais princípios nem obrigação moral. Quando não existe mais terreno comum fora dos contratos jurídicos, quando não é mais possível, de boa-fé, baixar as armas e confiar, é porque não há mais terreno comum e a decomposição da sociedade atingiu um estado avançado.

ECONOMIA, POLÍTICA E DESALENTO

O estágio final é a decomposição das próprias instituições que fazem e administram as leis. Talvez a mais polêmica das teses de Guéhenno, à época da publicação de seu ensaio, fosse a de que o princípio organizador do poder no mundo contemporâneo fragmentado é a riqueza. Não mais o capital, capaz de organizar e explorar o trabalho, como queria a tradição marxista, mas a riqueza em caráter abstrato. Com a desmaterialização da economia, provocada pela revolução digital, o capital e o trabalho caminham a passos largos para se tornar dispensáveis. A riqueza é criada e destruída com extraordinária velocidade e de forma completamente dissociada do que restou do sistema produtivo do século xx. No mundo contemporâneo o poder voltou a estar associado à riqueza e ao dinheiro, agora desmaterializados, ao sabor exclusivo das expectativas, das percepções coletivas, que tanto se expressam como se validam na criação de riquezas abstratas, tão impressionantes como voláteis.

Para Guéhenno, é sob esse prisma, do dinheiro como o princípio organizador do poder, que se deve analisar a corrupção no mundo contemporâneo. Longe de ser um fenômeno arcaico, lamentável sinal de uma sociedade subdesenvolvida, incapaz de distinguir entre a fortuna particular e o bem público, a corrupção é um elemento característico da sociedade contemporânea. Quando o Estado e a política deixam de ser o princípio organizador do bem comum, quando políticos e agentes públicos passam a ser percebidos e a se perceber como meros prestadores de serviços para uma multiplicidade de interesses específicos, é natural que sejam remunerados diretamente pelos interessados pelos serviços oferecidos.

No mundo onde o relacionamento vale mais do que o saber, onde o poder público é visto apenas como facilitador de interesses particulares, a chamada corrupção, desde que não saia de controle, é apenas uma forma de aumentar a eficiência

177

da economia. O valor supremo é a eficiência da economia na geração de riqueza. A política e a alta função pública há tempos perderam importância e prestígio. Os sucessivos "escândalos" de corrupção com recursos públicos nas democracias contemporâneas não são uma anomalia, mas a consequência lógica do triunfo do único valor universal que sobrou no mundo pulverizado das redes — o dinheiro, como indicador de sucesso pessoal e de sucesso das sociedades. A riqueza se tornou o gabarito comum, a única referência através da qual é possível estabelecer comunicação entre indivíduos e tribos que nada mais compartilham, a não ser a reverência em relação à riqueza.

O tempo deu razão a Guéhenno. Suas teses hoje parecem menos extravagantes. A revolução digital, a pulverização das identidades, a desmaterialização da economia e o fim do emprego industrial tornaram obsoleta a política das democracias representativas. O desalento não é exclusividade nossa. O que poderia servir de consolo é na verdade evidência de que o problema é mais grave do que se imagina. É bom que se tenha consciência disso, para não depositar esperanças infundadas nas eleições de 2018. Para recolocar o país nos trilhos, para dar fim ao desalento, não basta evitar os radicalismos. É preciso ir além de uma proposta moderada reformista, pautada pelo que o país deveria ter conseguido ser no século passado. É preciso ter o olhar voltado para o futuro, e o futuro é o da economia digitalizada, da inteligência artificial, com profundas repercussões na forma de se organizar a economia e a sociedade. Pode ainda não estar claro para onde a estrada nos levará, mas é necessário estar na estrada para não ficar definitivamente para trás.

11
Corrupção e capital cívico[*]

A EXTENSÃO E A PROFUNDIDADE da corrupção no Brasil atual causam perplexidade até aos mais calejados observadores. Sempre fomos complacentes em relação às pequenas transgressões, sempre houve corrupção, aqui como em toda parte, mas é o caso de perguntar: como foi possível chegar a tamanho nível de desonestidade institucionalizada? A gravidade da situação paralisa a política e a economia. Ainda não está claro como sairemos da crise e o que virá a seguir. Espera-se que o país mude para melhor, que a exposição da corrupção na vida pública e empresarial, com a condenação dos envolvidos, reduza a corrupção. O fim da impunidade é fundamental para reduzir a criminalidade.

Gary Becker, da Universidade de Chicago e ganhador do Nobel de economia, foi o primeiro a utilizar o arcabouço conceitual da microeconomia, com agentes racionais que maximi-

---

[*] Publicado originalmente pelo jornal *Valor Econômico*, em 31 jul. 2015.

zam utilidade, para entender o processo de tomada de decisão em questões não especificamente econômicas. Seus trabalhos pioneiros procuravam explicar a tomada de decisão em relação a questões como quantos anos estudar, qual o melhor momento para se casar e quantos filhos ter. Segundo Becker, todo comportamento humano pode ser entendido como uma avaliação de custos e benefícios. A decisão de cometer um crime depende do que se tem a ganhar, em comparação com o custo do castigo ponderado pela probabilidade de ser pego. Se o benefício for maior do que o custo estimado da punição, opta-se pelo crime. Simples assim. O modelo tem enorme apelo, exatamente por ser simples, lógico, e dar sugestões claras sobre a prevenção do crime: deve-se aumentar a probabilidade de que o criminoso seja preso e endurecer as penas.

Feliz ou infelizmente, as coisas não são bem assim. Os avanços da psicologia comportamental demonstram que nossa tomada de decisão é mais complexa, não se restringe a um cálculo de racionalidade econômica. Bastam alguns segundos de reflexão para concluir que ao longo da vida, mesmo durante um único dia, temos inúmeras possibilidades de ser desonestos, com baixíssima probabilidade de ser pegos. Nem por isso somos sistematicamente desonestos. Ao contrário, o padrão do ser humano é ser honesto, respeitar a lei e os códigos de ética da sociedade. A desonestidade, ao menos a desonestidade consciente e deliberada, é a exceção.

Os trabalhos recentes de Dan Ariely, professor da Universidade Duke, nos Estados Unidos, chegam a resultados interessantes e até certo ponto surpreendentes em relação à desonestidade. A partir de experiências muito engenhosamente formuladas com diferentes grupos de pessoas, a maioria alunos universitários norte-americanos, Ariely conclui que a desonestidade não é uma questão de custos e benefícios. Seus experimentos mostram que não há relação entre o valor do que se tem a ganhar e a desonestidade num grupo. Também não há relação entre a probabilidade de ser pego e a conduta desonesta. São resultados que contradizem frontalmente a teoria do cálculo racional como fundamento para a opção pela honestidade ou pela desonestidade.

É claro que ninguém é de todo insensível aos custos e benefícios da desonestidade — e em especial os desonestos contumazes, aqueles que fazem da desonestidade um meio de vida, levam em conta os riscos associados à atividade. Mas para a maioria das pessoas, que se percebem como honestas, não se trata de um cálculo racional. Estamos todos dispostos a incorrer em pequenas infrações, pequenas desonestidades, desde que as consideremos irrelevantes a ponto de não arranhar nossa percepção de que somos honestos. Queremos nos perceber e ser percebidos como pessoas honestas, mas estamos dispostos a transgredir, desde que a transgressão nos permita manter a autoestima.

O papel das referências culturais

Os estudos mostram que as pessoas são menos desonestas quando lembradas das leis ou dos códigos de ética. O grau de desonestidade depende daquilo que é percebido como flagrantemente desonesto, assim como do grau de tolerância em relação à desonestidade. Em lugares onde as infrações de trânsito, como estacionar em local proibido, circular pelo acostamento, são comuns e disseminadas, quem as comete não se percebe como desonesto. Por isso mesmo, são mais frequentes.

A propensão a agir incorretamente depende também da nossa capacidade de racionalizar. Se formos capazes de justificar a desonestidade, somos muito mais propensos a agir de forma inapropriada. Isso vale tanto para atos mais corriqueiros de incorreção como também para os mais graves. Roubos, assaltos e até mesmo assassinatos podem ser cometidos com frieza por pessoas que se consideram honestas, desde que em nome de uma causa. O caso de políticos que roubam para o partido, ou para financiar campanhas eleitorais, nunca para o seu enriquecimento, é exemplar da necessidade de racionalização. Os estudos mostram que, quando a desonestidade pode beneficiar pessoas do nosso grupo, ou até mesmo desconhecidos, a propensão à desonestidade aumenta. Uma vez encontrada a justificativa nobre — a racionalização —, é possível ser desonesto e manter a autoestima. É o efeito Robin Hood, mas, uma vez rompida a barreira psicológica, passa-se com mais facilidade para a desonestidade aberta. Quando começamos a nos ver como desonestos, perde-se o pudor. Se esse for o comportamento disseminado entre nossos pares, tudo se torna ainda mais natural.

Queremos ser honestos, mas a propensão para a desonestidade está em todos nós. Mais do que um cálculo de custos e benefícios, o que nos restringe são os valores de nossa comunidade. Se no meio em que vivemos a incorreção é aceitável, insuficiente para arranhar nossa percepção de que somos honestos, somos mais propensos à desonestidade. Essa é a razão por que povos diferentes se comportam de forma diferente ainda que diante dos mesmos incentivos e riscos em relação a um comportamento questionável.

Uma história curiosa — e triste para nós, brasileiros — ilustra bem como há comportamentos distintos diante da certeza da impunidade. Até alguns anos atrás, a lei dava aos diplomatas estrangeiros, lotados nas Nações Unidas, a isenção de pagamento das multas de estacionamento na cidade de Nova

York. A prefeitura, porém, nunca deixou de emitir as multas. Como não precisavam ser pagas, não havia sanção para os diplomatas que estacionassem em locais proibidos. Um estudo mostrou que, ao longo de cinco anos, os diplomatas suecos e canadenses não tiveram multas, os alemães tiveram uma multa per capita, os italianos quinze, e os brasileiros trinta multas por diplomata. Se serve de consolo, a média dos diplomatas kuaitianos foi de 246 multas.

A certeza da impunidade não leva todos a ser desonestos. A referência cultural conta. Os diplomatas suecos não são menos racionais do que os brasileiros, mas optam pela correção. Preferem não levar vantagem, mesmo quando não há punição para o comportamento incorreto. Há algo na cultura de certos povos, que se poderia chamar de capital cívico, que faz a diferença. Na definição dos que cunharam o termo, capital cívico é o estoque de crenças e valores que estimulam a cooperação entre as pessoas. Os entusiastas dos mercados não se cansam de defender a importância da competição e da meritocracia, mas os que entendem do riscado sabem que, na base de uma economia de mercado, antes de tudo mais, estão a confiança e a cooperação. Vale a pena ouvir o que tem a dizer a respeito Kenneth Arrow, prêmio Nobel de economia. Seus trabalhos, em parceria com Gerard Debreu, formalizaram o chamado modelo de equilíbrio geral, do qual são deduzidos os corolários de eficiência dos mercados competitivos: "Virtualmente toda transação comercial tem em si um elemento de confiança. Pode-se dizer, de forma plausível, que muito do atraso econômico no mundo deve-se à falta de confiança mútua".

Nas sociedades em que o capital cívico é baixo, impera o que Edward Banfield, que foi professor da Universidade Harvard, descreveu como "amoralidade de laços familiares".[1] Com base em sua experiência num vilarejo do sul da Itália, Banfield procurou entender as razões do atraso da região. Concluiu que a resposta estava na obsessão com que os habitantes se dedicavam exclusivamente aos interesses de suas famílias. Incapazes de cooperar até mesmo com os vizinhos, os camponeses restringiam-se ao cultivo de suas pequenas propriedades. Ficavam assim impossibilitados de se beneficiar dos ganhos de produtividade da escala e da cooperação. Esse tipo de comportamento se autorreforça, pois onde todos desconfiam de todos e só estão preocupados com seus próprios interesses a desconfiança tem razão de ser. Não se pode superestimar a importância da confiança nas relações econômicas e sociais. A confiança mais importante para o bom funcionamento da sociedade é a confiança nos desconhecidos. É a confiança naqueles que não conhecemos pessoalmente que permite estabelecer contatos, desenvolver os mercados e a cultura.

Em pesquisas sobre valores e atitudes em diferentes países costuma-se perguntar aos entrevistados se a maioria das pessoas merece confiança ou se, pelo contrário, é preciso tomar cuidado ao se relacionar com os outros. Mais uma vez o Brasil fica mal na fita. Enquanto na Suécia quase 70% dos entrevistados respondem que os outros são dignos de confiança, no Brasil menos de 10% consideram que as pessoas são confiáveis. É sempre possível argumentar que os brasileiros confiam menos nos outros porque o sistema judicial é falho, há menos possibilidade de ser punido e, logo, todos são efetivamente mais propensos a ser desonestos. Haveria assim uma lógica no fato de por aqui se confiar menos nas pessoas, e estaríamos de volta à racionalidade do modelo de Gary Becker.

Acontece que a confiança nos outros, o grau de confiança básica numa sociedade, não é simples consequência do bom funcionamento do sistema judicial. Com certeza existe uma correlação entre as duas coisas, mas o sentido da causalidade não é claro. Assim como um judiciário eficiente contribui para a confiança, mais confiança leva ao melhor funcionamento da Justiça. A confiança e a propensão a cooperar não decorrem apenas dos mecanismos legais de prevenção e punição da desonestidade. São traços culturais, forjados ao longo da história, reforçados pela experiência de cooperação bem-sucedida. Constituem um ativo de longo prazo, que não se adquire da noite para o dia. Como todo traço cultural, não são facilmente revistos. Um exemplo da longa inércia a ser vencida para a acumulação do capital cívico, da persistência das feridas na confiança entre membros de uma sociedade, para o qual Luigi Zingales chama a atenção, é o fato de que, até hoje, mais de um século e meio depois do fim do tráfico de escravos, há significativas diferenças entre as etnias na África. Aquelas que tiveram pessoas capturadas e traficadas como escravos, muitas vezes por membros de suas próprias tribos, até hoje desconfiam de tudo e todos.[2]

O que restringe nossa propensão às práticas desonestas

A construção do capital cívico é um longo percurso. A confiança e a capacidade de colaborar, assim urdidas lentamente no decorrer da história, podem ser destruídas com muita rapidez. Uma vez perdidas, é preciso recomeçar do zero, refazer toda a longa história de acumulação de capital cívico, de confiança e de cooperação. Não é fácil, pois a desconfiança leva à desconfiança, e termina por justificar a falta de confiança. É um círculo vicioso duro de ser rompido. A melhor forma de fazer evoluir o capital cívico é não permitir que se deteriore.

A forma como a população avalia o Estado e suas instituições é uma boa aproximação do capital cívico. Em lugares onde o capital cívico é alto, o Estado é visto como um aliado confiável. Já onde o capital cívico é baixo, o Estado é percebido como um criador de dificuldades para todos e de vantagens para seus ocupantes. Mais uma vez, trata-se de um processo que se autorreforça.

Se o Estado é percebido como dominado por desonestos pautados por seus próprios interesses, os bem-intencionados evitam a vida pública, o que termina por dar razão à desconfiança. Dada a visibilidade dos políticos e a necessidade de se lidar cotidianamente com as autoridades, o Estado corrupto é um poderoso fator de erosão do capital cívico. Nada mais corrosivo da confiança e do espírito público do que a exposição diária a um Estado ineficiente e patrimonialista.

Assim como o mau Estado destrói o capital cívico, as boas instituições são imprescindíveis para sua preservação. Os estudos de Ariely sugerem que o grau de desonestidade de uma comunidade tem características parecidas com as de uma infecção. A desonestidade contamina e se alastra. Basta que uma única pessoa se comporte de forma flagrantemente desonesta para que o grau de desonestidade de um grupo de alunos universitários, submetidos às suas engenhosas experiências, aumente de maneira significativa.

Se uma única pessoa, um desconhecido, é capaz de aumentar a desonestidade dos demais num grupo de universitários, fica claro que governantes desonestos têm grande impacto sobre o grau de desonestidade do país. Existe um "efeito demonstração" da desonestidade, sua capacidade de se alastrar e de infeccionar a sociedade como um todo. Essa é a razão por que é importante reduzir a frequência dos pequenos atos de transgressão, das pequenas desonestidades aparentemente inofensivas. A política de "tolerância zero" em relação aos pequenos delitos adotada pela polícia de Nova York contribuiu para a drástica redução da criminalidade na cidade. Pequenas infrações podem parecer inócuas, mas contribuem para criar o ambiente propício às mais graves.

Anos atrás, quando eu ocupava um cargo público, um político com quem mantinha relações próximas queixou-se comigo da corrupção de pessoas ligadas à sua área. Sugeri que ele fizesse uma denúncia pública. Sua resposta foi que jamais faria isso, porque o impacto para o descrédito da política seria gravíssimo. Intuitivamente, ele estava dando expressão ao efeito demonstração. É evidente que o argumento era falacioso, uma racionalização para não se sentir cúmplice da corrupção sem incorrer nos custos de denunciar seus pares. De acordo com sua visão, para evitar a contaminação da sociedade, toda sujeira deveria ser empurrada para debaixo do tapete. Isso não significa que não haja uma contradição a ser resolvida: para reduzir a desonestidade, não se pode esconder a corrupção, mas sua divulgação, através do efeito demonstração, contribui para o aumento da desonestidade.

Se todos são desonestos, ninguém é

A condenação dos envolvidos na operação Lava Jato deverá reduzir a percepção de impunidade. De acordo com o modelo de racionalidade da desonestidade, haverá menos pessoas decididas a correr esse risco. Para os que já cruzaram a barreira, não há dúvida: pensarão duas vezes antes de retomar as práticas a que estavam habituados. Mas, para a maioria da população, para os que prezam a honestidade, que não se baseiam num cálculo racional de custos e benefícios, o efeito demonstração terá um impacto negativo. A impressão de que o governo, os políticos e os empresários são desonestos aumenta a tolerân-

CONSENSO E CONTRASSENSO

cia com a desonestidade no dia a dia. Nas inúmeras pequenas oportunidades em que é possível transgredir sem ser punido, haverá maior propensão à desonestidade. A impressão de que a desonestidade impera ajuda na racionalização do comportamento desonesto — se todos são, ninguém é. Por isso é importante ir até o fim, não deixar a impressão de que só alguns foram punidos, que os mais espertos, como sempre, escaparam.

Infelizmente, ainda assim, não é inequívoco que o capital cívico do país sairá fortalecido da crise. É sempre possível que o impacto negativo do efeito demonstração domine o impacto positivo do fim da impunidade. Essa possibilidade é reforçada por mais um interessante resultado dos estudos de Ariely. Quanto mais cansados, desanimados e deprimidos estamos, mais propensos somos a ser desonestos. A honestidade eleva a autoestima, e a baixa autoestima aumenta a desonestidade. A recessão econômica e a depressão psicológica contribuem para o aumento da desonestidade.

Para que o país saia melhor de tão grave e deprimente surto de desonestidade, para que não passe à infecção generalizada, é importante condenar e punir os culpados, sem dúvida, mas não basta. É preciso, o quanto antes, sair da crise, expurgar da vida pública os envolvidos, recuperar a economia e dar início a uma nova era. Isso exigirá, antes de mais nada, novas e exemplares lideranças, ainda longe de estarem em evidência.

12
Insider por oito meses[*]

POUCOS DEVEM SE LEMBRAR DE Yanis Varoufakis, o meteórico ministro da Fazenda da Grécia durante o primeiro semestre de 2015. Eu, que por dever de ofício acompanhei o longo desenrolar da agonia grega, confesso que só associava o nome de Varoufakis ao bonitão que arrancava suspiros nos "Diários da Dilma" da revista *piauí*. As imagens que ficaram associadas a Varoufakis, a aparência de galã, os casacos de couro e a motocicleta não ajudam a dar credibilidade a um ministro da Fazenda. Sobretudo um ministro de um partido de esquerda, recém-chegado ao poder, que defendia a reestruturação, com perdão parcial, da dívida de um país que se endividou para financiar déficits fiscais insustentáveis, maquiou a sua contabilidade e já vinha de duas rolagens negociadas.

O mais recente livro de Varoufakis, *Adults in the Room: My Battle with the European and American Deep Establish-*

---

[*] Publicado originalmente pela revista *Quatro Cinco Um*, n. 8, dez. 2017.

ment [Adultos na sala: Minha batalha contra o establishment profundo da Europa e dos Estados Unidos], que acaba de ser publicado em inglês, é um relato da sua breve passagem pela vida pública, mas que pode ser lido como um thriller político. Lá estão todos os elementos dos grandes romances. Cada uma das personagens — ou os adultos na sala, segundo Christine Lagarde, a número um do Fundo Monetário Internacional, de quem Varoufakis tomou emprestada a expressão para dar nome ao livro — está convencida de que age da melhor forma possível, mas o conjunto de suas ações leva inexoravelmente a um desastre de grandes proporções. Essa é a dinâmica das tragédias de Sófocles e Shakespeare, observa o autor no prefácio.

Segundo Varoufakis, as personagens se dividem entre banais e fascinantes. Enquanto as banais preenchem planilhas segundo as instruções que lhes são passadas, seus superiores — sejam políticos como o ministro alemão Wolfgang Schäuble, ou tecnocratas como Mario Draghi, presidente do Banco Central Europeu — têm consciência sobre seu papel no desenrolar do drama. Justamente porque têm capacidade de reflexão sobre seu papel e de dialogar consigo mesmos, são fascinantes prisioneiros de uma trama impessoal e implacável.

Apesar de diretamente envolvido, Varoufakis procura apresentar a ação e seus atores sob o olhar desengajado do narrador das tragédias clássicas. Não há bons nem maus, apenas homens e mulheres que, pautados pela combinação do sentido de dever na vida pública e os mais comezinhos sentimentos humanos, como a covardia, a vaidade e a ambição, são atropelados pelas consequências inesperadas de suas ações.

O livro é um relato com pretensão de se manter fiel ao ocorrido. Numa nota de abertura, Varoufakis afirma saber da importância da fidelidade ao que foi dito, por quem, para quem e em que circunstâncias, num livro que se propõe a ser um registro de sua passagem pela vida pública. Diz ter procurado reproduzir os diálogos e fatos de modo fidedigno.

Para isso, usou suas notas tomadas à época e, sempre que possível, as gravações oficiais das reuniões, assim como as feitas com o seu celular. A única quebra da ordem cronológica dos fatos é para, na introdução, contar seu encontro com Larry Summers, no bar de um hotel, tarde numa noite de primavera em Washington, DC.

Ao se aproximar da mesa onde estava Summers, só o reflexo de seu copo de uísque cortava o lusco-fusco do ambiente. Enquanto Varoufakis se deixava afundar no sofá, exausto depois de mais de quinze horas de discussões na sede do FMI, a alguns quarteirões dali, Summers saudou-o com um aceno, retornou o olhar para o uísque e, em seguida, num tom ainda mais soturno do que o seu habitual, lhe disse: "Yanis, você cometeu um grande equívoco". Varoufakis, que esperava ouvir do poderoso e experiente ex-secretário do Tesouro norte-americano alguma orientação para a condução das suas negociações, conta que a penumbra do bar deu uma conotação ainda mais tenebrosa à frase escolhida por Summers para abrir a conversa. Esforçando-se para parecer impassível, Varoufakis pergunta: "E que equívoco foi esse?". Summers responde: "Você venceu a eleição!".

O encontro se deu em abril de 2015. Seis meses antes, Varoufakis era professor na Universidade do Texas, em Austin, num período de licença de sua cátedra de economia na Universidade de Atenas. Como e por que, em tão pouco tempo, Varoufakis voltou ao seu país, elegeu-se o deputado mais votado pelo partido de oposição, o Syriza, e assumiu o Ministério da Fazenda no governo do primeiro-ministro Alexis Tsipras, é parte do fascínio da leitura.

Ao fim da conversa, antes de se despedirem, Summers fixa os olhos em Varoufakis e lhe faz uma pergunta: "Existem dois tipos de homens públicos, os outsiders e os insiders. Um outsider se reserva o direito de dizer o que pensa, mas não é levado a sério pelos que decidem. Já um insider jamais revela o que se discute entre insiders, em compensação tem acesso e influência sobre os acontecimentos. Em qual dos dois tipos você se enquadra?". Varoufakis responde que, por temperamento, é um outsider, mas que estaria disposto a agir como insider, se preciso, para tirar a Grécia da armadilha em que se encontrava. E prossegue dizendo que, caso não seja possível, não teria escrúpulos para denunciar os insiders e voltar a seu ambiente natural.

A resposta, com certeza, deixou claro para Summers quem era Varoufakis. Pode-se ser professor visitante, mas não é possível ser insider visitante. Varoufakis, que reconhece em Summers um aliado, não ideológico, mas intelectual, um crítico da forma como os europeus conduziram a crise grega, conta ter percebido que sua resposta incomodou a Summers. Ele teria preferido deixar o bar do hotel, naquela noite, acreditando que Varoufakis tivesse realmente interesse em se tornar um insider.

Adults in the Room é testemunho definitivo de que Varoufakis nunca poderia ser um insider. Trata-se de uma excepcional reportagem sobre os bastidores do poder que só um outsider, transformado pelas circunstâncias nesse improvável oximoro, um insider visitante, poderia escrever.

O fato de ser escrito por um outsider que tem acesso ao universo dos insiders é apenas parte do que faz o livro tão interessante. Varoufakis é um economista competente. Estudou na Inglaterra, formou-se em matemática, com pós-graduação em estatística na Universidade de Birmingham, e doutorou-se em economia na Universidade de Essex, onde passou a dar aulas. Sua proposta para um sistema monetário paralelo, puramente digital, a ser adotado caso a Grécia fosse pressionada a deixar o sistema do euro, demonstra imaginação e uma sofisticada compreensão do sistema financeiro e monetário contemporâneo, pouco comuns entre seus pares. Sua familiaridade com a literatura e a filosofia, que ficam evidentes na leitura do livro, também não é comum no deserto de especialistas em que se transformou a economia.

Sensibilidade

O que torna *Adults in the Room* uma leitura tão fascinante é a capacidade que tem Varoufakis de adotar um distanciamento crítico, um olhar de observador desengajado, ao relatar um drama do qual ele havia se tornado, ainda que em caráter temporário, personagem central e profundamente engajado. Deixando claro suas posições ideológicas, Varoufakis não toma partido de forma automática. Demonstra grande sensibilidade para entender a psicologia e as razões, certas ou erradas, de todos os envolvidos.

Embora o livro não tenha a pretensão de defender uma tese específica ou de teorizar sobre o mundo contemporâneo, após sua leitura fica ainda mais claro o absurdo do que foi imposto à Grécia pela Troica, formada pela União Europeia, o Banco Central Europeu e o Fundo Monetário Internacional. Termina-se a leitura também com a impressão de melhor compreender a crise por que passam o liberalismo e a democracia representativa contemporânea. Seus valores e seus discursos já não correspondem à prática.

Os políticos eleitos já não governam. Como disse um primeiro-ministro inglês, *"we are still in office, but no longer in power"* — estamos ainda no posto, porém não mais no poder.

O verdadeiro poder é exercido por uma tecnoburocracia supranacional impessoal, ela mesma refém de interesses econômico-financeiros que, se contrariados, ameaçam a estabilidade econômica mundial. A mídia, em troca do que lhe parece ser acesso à informação do universo dos insiders, é flagrantemente manipulada. Como afirma Varoufakis no prefácio, a crise do liberalismo democrático, o ressurgimento do populismo e do nacionalismo xenofóbico, as derrotas do projeto democrático ocidental, como a crise do euro, o Brexit e a eleição de Trump, causam menos perplexidade depois de um tour pelo universo dos insiders. *Adults in the Room* é uma oportunidade para fazer esse tour, através da perspectiva de um sofisticado outsider, que foi devidamente derrotado e expelido de sua quixotesca tentativa de influenciar os acontecimentos.

APÊNDICES

A
A moeda indexada:
Uma proposta para eliminar
a inflação inercial*

A EVIDÊNCIA DO ALTO GRAU DE RIGIDEZ da inflação tem separado os analistas em dois campos. Primeiro, os que podem ser classificados como ortodoxos monetaristas e argumentam que a inflação não cede porque não há suficiente rigor monetário e fiscal. A terapia no caso seria aplicar um violento e implacável corte nas despesas do setor público, com estancamento simultâneo de toda a expansão da moeda e do crédito. Segundo, os que apontam a indexação como causa da resistência da inflação e propõem alguma forma de desindexação como o melhor caminho para obter resultados mais expressivos.

Sem maiores considerações sobre suas bases conceituais, descarto o choque ortodoxo, por ser opção de custos insuportáveis

---

* Apresentado originalmente como texto para discussão (TD n. 75, set. 1984) no Departamento de Economia da Pontifícia Universidade Católica do Rio de Janeiro. Publicado em *Revista de Economia Política*, v. 5, n. 2, abr.-jun. 1985.

CONSENSO E CONTRASSENSO

e politicamente inviável quando o país ameaça emergir de três anos de duríssima recessão.

As propostas de desindexação merecem breve análise. Àquelas que defendem a mera eliminação dos mecanismos legais de indexação, como a correção monetária, a lei salarial e a lei do inquilinato, escapa a essência do problema: nos atuais níveis de inflação, a indexação permanecerá mesmo que venham a ser suprimidos os mecanismos institucionais existentes. A alta taxa de inflação exige a indexação, e a indexação impede a redução da inflação. A supressão dos mecanismos legais obrigaria os agentes econômicos a encontrar formas alternativas de indexação. Na transição, seriam muito altos os riscos de desorganização da atividade econômica e movimentos especulativos poderiam acelerar dramaticamente a inflação. Pelo mesmo motivo também estão fadadas ao fracasso as propostas que vinculam à inflação futura, e não à inflação passada, os reajustes dos parâmetros de indexação legal, como salários, aluguéis e correção monetária.

A indexação decorre de uma regra de comportamento extremamente rígida na presença de altas taxas de inflação: os agentes econômicos buscam apenas recompor o pico prévio de renda real. Ao fixar preços, as considerações de condições de demanda tornam-se irrelevantes, e a noção de preços relativos perde-se na velocidade de aumento do índice geral de preços. Os agentes limitam-se a observar a inflação acumulada desde o último reajuste e revisam seus preços proporcionalmente. Com exceção dos preços com periodicidade fixada por lei, como os salários, o período entre reajustes reduz-se à medida que a expectativa da inflação se acelera. É possível demonstrar que essa regra de comportamento é compatível com a racionalidade, no sentido econômico do termo. Não será possível quebrá-la pela eliminação, nem pela vinculação dos parâmetros legais

198

A MOEDA INDEXADA: UMA PROPOSTA PARA ELIMINAR A INFLAÇÃO INERCIAL

de indexação a qualquer índice que não o da inflação passada. Tanto na primeira como na segunda hipótese, os agentes continuarão indexando pela inflação passada, a menos que sejam legalmente impedidos de fazê-lo. Eis por que o controle de preços é o passo lógico seguinte obrigatório para aqueles que querem desindexar e compreendem que a armadilha da inflação com indexação independe da existência de mecanismos legais.

A desindexação com controle, ou com congelamento de preços, esbarra em dificuldades intransponíveis. Como congelar preços numa economia em que a cada momento alguns preços estão à véspera de ser reajustados, portanto muito baixos, e outros acabaram de ser reajustados, portanto muito altos? A cada ponto no tempo a estrutura de preços relativos está distorcida pela assincronia dos reajustes. A sua cristalização provocará ganhos e perdas de renda real insustentáveis. A esses problemas, somam-se as formidáveis dificuldades de implementação de todo programa baseado em controles administrativos. O possível apelo intelectual da proposta de desindexação com o congelamento não a exclui da categoria do choque ortodoxo: trata-se de proposta altamente desestabilizadora e politicamente inviável, apesar da eventual sedução popular ou demagógica que o controle de preços possa exercer.

Se tanto o choque ortodoxo como o choque heterodoxo são inaceitáveis, à primeira vista não há alternativa, senão a resignação, diante da rigidez inflacionária. A aceitação da atual política ortodoxa gradualista implica, na melhor das hipóteses, um longo e penoso período adicional de políticas restritivas para obter pequenos ganhos no fronte de combate à inflação. A hipótese de perturbações desestabilizadoras, ainda que provocadas por simples movimentos especulativos, não pode ser descartada. A assimetria dos altos processos inflacionários é radical: a volatilidade da taxa de inflação para cima é proporcional à sua rigidez para baixo. Qualquer perturbação, ou perda de confiança, pode pôr a perder todo o pequeno ganho acumulado ao longo de um penoso período de austeridade. A insistência na estratégia atual não é, portanto, alternativa confortável. A proposta alternativa que desenvolvo para escapar a esse dilema baseia-se nas seguintes premissas:

i. ' Os fatores primários da inflação, a saber, o déficit operacional do setor público e a política monetária, estão sob controle. Não há pressão exagerada de demanda e não há mais necessidade de promover importantes reajustes de preços relativos, como desvalorizações reais de câmbio, eliminação dos subsídios de preços básicos e dos subsídios de serviços públicos. Não está havendo pressão de preços agrícolas, que este ano crescem abaixo dos preços industriais. Adicionalmente, através do extraordinário sucesso no balanço comercial, o país readquiriu condições mínimas de reservas para evitar gargalos nas importações.

ii. A inflação é agora essencialmente inercial, isto é, os preços sobem hoje porque subiram ontem, de acordo com o mecanismo perverso de catraca da economia indexada.

Não discutirei aqui a validade absoluta dessas premissas. É possível argumentar que o déficit operacional do setor público não foi eliminado por completo, mas só parcialmente encoberto por truques contábeis. Pode-se também sustentar que a política monetária não foi tão rigorosa e que a ameaça do estrangulamento externo não desaparecerá sem um equacionamento mais abrangente da crise da dívida. O que importa aceitar, contudo, é o fato de que uma parte substancial da inflação é devida ao componente inércia. Para dizer de outra

A MOEDA INDEXADA: UMA PROPOSTA PARA ELIMINAR A INFLAÇÃO INERCIAL

forma: se fosse possível suprimir a memória inflacionária, as atuais condições objetivas da economia manteriam os preços muito próximos da estabilidade. Aceitas tais premissas, passo aos pontos básicos da proposta:

1. Introduz-se a partir de uma data determinada uma nova moeda indexada, que chamaremos, na falta de melhor nome, de novo cruzeiro (NC). O NC teria paridade fixa com relação às Obrigações Reajustáveis do Tesouro Nacional (ORTN), ou seja, um NC por ORTN no primeiro dia do mês. A taxa de conversão entre o NC e o cruzeiro seria atualizada diariamente de acordo com a variação *pro-rata-dia* da ORTN no mês. Para evitar que fosse necessário estimar a inflação do mês, a variação da ORTN e, portanto, o valor do NC se basearia na inflação do mês imediatamente anterior. A cada final de mês seriam, portanto, anunciados os valores diários de conversão entre o NC e o cruzeiro para o mês seguinte, com base na inflação do mês anterior.

2. A correção monetária e a desvalorização do cruzeiro em relação ao dólar a cada mês têm sido exatamente iguais. Caso essa regra fosse mantida, a taxa de câmbio entre o NC e o dólar também ficaria fixa. Embora não seja uma condição necessária para o êxito da proposta, o aspecto psicológico da nova moeda em relação ao dólar é extremamente favorável.

3. A partir da data de início do programa e de introdução da nova moeda, seria possível converter cruzeiros em NC à taxa do dia em qualquer agência bancária e outros postos de conversão em todo o país. A possibilidade de converter sem limitações o cruzeiro em NC é crucial para evitar o aumento da velocidade de circulação do cruzeiro, o que aceleraria a inflação medida na velha moeda.

CONSENSO E CONTRASSENSO

4. Todo depósito à vista no sistema bancário seria contabilizado em NC e, portanto, defendido da desvalorização do cruzeiro.
5. Todas as transações no sistema financeiro passariam a ser contabilizadas em NC. O Banco Central passaria a estipular a taxa de financiamento overnight em títulos públicos em termos de NC, ou seja, uma taxa sobre a correção monetária ou a desvalorização diária do cruzeiro. Os depósitos de poupança, os depósitos a prazo, os empréstimos e todas as demais transações seriam contabilizados em NC.
6. Os contratos celebrados até a data de início do programa, com base na ORTN, poderiam ser transformados em contratos com base no NC, mas sem obrigatoriedade. Os contratos celebrados com base em taxas prefixadas em cruzeiros continuariam a valer normalmente. O Banco Central se encarregaria de continuar cotando o cruzeiro para compra (e para venda, se alguém eventualmente se interessasse).
7. Os preços administrados pelo governo seriam todos imediatamente fixados em NC. A conversão se faria com base no preço real médio em cruzeiros vigente no período entre os reajustes.
8. A partir do primeiro mês já se passaria a fazer o acompanhamento do nível geral de preços em NC, sem suspender o acompanhamento do índice em cruzeiro. Observe-se que, por definição (desconsiderando-se a defasagem a ser introduzida de um mês entre a inflação e a correção monetária), a inflação em NC seria nula. A superioridade do NC como unidade de conta seria tal que os preços passariam rapidamente a ser contados em NC. À medida que um maior número de preços fossem cotados em NC, a noção do índice geral de preços em cruzeiro começaria a perder sentido. Nesse momento, que vai depender do comportamento do

202

público, mas que as experiências históricas de reformas monetárias bem-sucedidas indicaram que não deverá ser superior a três meses, se deixaria de acompanhar o IGP em cruzeiros. O Banco Central fixaria a taxa de conversão do cruzeiro por NC daí para a frente com base na inflação média observada em cruzeiro nos últimos seis meses. Se essa inflação fosse, por exemplo, 10% ao mês, o cruzeiro se desvalorizaria 10% ao mês em relação ao NC a partir daí ad infinitum. Estaria assim mantido o imposto sobre o estoque de cruzeiros estimulando sua conversão. Com o tempo, todo o estoque de cruzeiros seria convertido em NC, e o valor real do resíduo tenderia rapidamente a ser nulo.

9. A política salarial de reajustes semestrais para salários com valores contratados em cruzeiro se manteria, mas seria facultativo, mediante uma fórmula de conversão, optar por um contrato de trabalho com o salário fixo em NC. A fórmula de conversão calcularia o salário real médio nos últimos seis meses em cruzeiro e o transformaria em NC pela taxa de conversão do dia. Não haveria, portanto, perda nem ganho em termos de salário médio ao adotar-se a fórmula de transformação. As categorias que optassem por continuar com contratos salariais fixados em cruzeiros com reajustes semestrais poderiam fazê-lo. Basta que a depreciação da taxa de conversão do cruzeiro em relação ao NC fixado para o futuro pelo Banco Central não seja inferior à inflação média dos últimos seis meses para que haja vantagem em optar pela conversão.

A essência da proposta é, portanto, a introdução de uma nova moeda que circularia paralelamente ao cruzeiro. Tal moeda estaria defendida do imposto inflacionário pela sua cotação estável em relação à ORTN e, ao menos numa primeira fase, também em relação ao dólar. A circulação paralela é fundamental para que se imponha a credibilidade da nova moeda. O público poderá observar que o NC se valoriza em relação ao cruzeiro dia a dia e que o nível geral de preços será, por definição, estável em NC, pelo menos na fase inicial, que terá duração de três a seis meses.

A nova moeda será um ativo em alta demanda. Por estar defendida do imposto inflacionário, haverá uma rápida e violenta redução da velocidade de circulação, isto é, a relação produto nominal sobre a nova base monetária, após a fase inicial do programa, será muito inferior à relação entre produto nominal e a velha base monetária antes de sua implantação. Estará criado assim novo espaço para o financiamento do setor público a juros reais zero. De fato, a demanda por um ativo monetário protegido da inflação hoje em curso será de tal ordem que o Banco Central poderá restringir-se apenas a trocar o estoque da moeda velha por estoque equivalente em valor da moeda nova.

O custo relativo de reter moeda em relação às aplicações financeiras de curto prazo, principalmente dos ativos financeiros que são substitutos muito próximos da moeda, como as aplicações overnight, será reduzido de forma substancial. Em decorrência, cairá sensivelmente a demanda por tais ativos e aumentará a demanda por moeda (depósitos à vista mais papel-moeda indexados). Através de operações de dívida pública via mercado aberto, haverá necessidade de injetar a nova moeda para evitar crises de liquidez no mercado financeiro.

Adicionalmente, será necessário reduzir o compulsório dos bancos sobre seus depósitos à vista, para compensá-los da perda do imposto inflacionário que eles hoje coletam sobre esses depósitos. É justamente o ganho inflacionário sobre depósitos a custo zero que permite aos bancos comerciais sustentar hoje uma onerosa estrutura de serviços prestados ao público em geral. Pelo menos em caráter transitório, até que os bancos se adaptem às novas condições, será preciso reduzir as aplicações deficitárias compulsórias sobre os depósitos à vista a que hoje está submetido o sistema bancário.

A introdução de uma moeda confiável foi elemento central na formulação dos programas que lograram pôr fim às hiperinflações europeias no início da década de 1920. As medidas objetivas tomadas para tornar a nova moeda confiável foram distintas nos diferentes países. Uma nova moeda foi, entretanto, introduzida sempre em conjunto com medidas de reordenação fiscal e vinculada a algum lastro. No caso mais dramático, o da Alemanha, em outubro de 1923 a nova moeda, o Retenmark, introduzida com valor equivalente a 1 trilhão de marcos antigos, foi anunciada como lastreada num empréstimo interno que se baseou nos ativos reais do país, como terras e demais propriedades, e com um limite máximo de emissão previamente fixado. Contudo, nada em termos objetivos garantia a priori que o governo iria respeitar tais limites.

A verdadeira razão por que a nova moeda foi aceita foi uma só: a economia precisava de moeda confiável, e o marco era incapaz de cumprir as funções de reserva de valor e unidade de conta até mesmo por períodos de horas. Consequentemente, tinha sido também rejeitado por completo como meio de troca. Nos últimos estágios da hiperinflação alemã, a falta de moeda confiável era tamanha que pôs em circulação moedas estrangeiras. As empresas começaram a emitir suas próprias moedas, cujos valores eram vinculados a moedas estrangeiras ou bens reais, para pagar salários. Ao analisar o fenômeno, comenta W. A. Lewis:

A velha moeda foi simplesmente rejeitada. É isso que explica como a estabilização se tornou possível. Os preços não se estabilizaram através da retirada de moeda de circulação, mas, ao contrário, mais moeda foi posta em circulação. Era, porém, uma moeda que as pessoas estavam dispostas a aceitar e pela qual havia, portanto, grande demanda.[1]

O aspecto notável do fim das hiperinflações é a forma súbita como foram estancadas. Em "The Ends of Four Big Inflations", trabalho apresentado em seminário na Fundação Getúlio Vargas em dezembro de 1980, T. J. Sargent apresenta as evidências e faz um bom resumo do ocorrido nos casos da Áustria, da Hungria, da Polônia e da Alemanha nos anos 1920. No período de um mês, o processo inflacionário foi estancado em cada um desses casos. Embora medidas objetivas tenham sempre sido tomadas para corrigir os desequilíbrios orçamentários dos governos, como redução de gastos, demissão de pessoal e aumento da carga tributária efetiva, o espaço criado pelo aumento da demanda, pela nova moeda, foi sempre, em todos os casos de estabilização, fator decisivo no reequilíbrio orçamentário. Na análise citada, W. A. Lewis afirma:

> Uma vez que as pessoas passavam a acreditar que a violenta emissão de papel-moeda iria cessar, acreditou-se que os preços não iriam mais subir e, portanto, passou-se a querer reter moeda. O governo foi assim capaz de emitir moeda, usando-a para cobrir mais obrigações e sabendo que ela seria imediatamente aceita e retida.

A experiência histórica mostra que, em todos os casos, houve substancial aumento da quantidade real de moeda em circulação (depósitos à vista mais papel-moeda em poder do público) nos meses que se seguiram à reforma monetária e à estabilização dos preços. O estoque real de moeda multiplicou-se por fatores que variaram de três a seis no caso das economias europeias do início do século xx. A violenta queda na velocidade de circulação da moeda faz com que o estancamento do processo inflacionário ocorra com aumento do passivo monetário do banco central, e não com redução.

A essência dos processos de inflação é a perda de credibilidade da moeda. Aceitas as premissas anteriormente expostas, a inflação no Brasil poderia ser detida a curtíssimo prazo, caso o governo seja capaz de pôr em circulação uma nova moeda em que o público confie como reserva de valor e unidade de conta. Para lançar a nova moeda, não é necessário esperar o pique de situações extremas de hiperinflação como as da década de 1920 na Europa. Apesar de algumas experiências desastrosas com o seu valor em relação ao cruzeiro, especialmente em 1980, quando a correção monetária foi prefixada em nível muito inferior à inflação, a ORTN tem hoje credibilidade como reserva de valor e a cada dia mais transforma-se na unidade de conta da economia brasileira. Isso facilita e até sugere a criação de nova moeda com valor fixo em relação à ORTN.

A moeda indexada diariamente equivale à indexação total e instantânea da economia. Com isso, não têm sentido o cruzeiro e a inflação medida em cruzeiros, e desaparecem, portanto, os problemas de indexação e de inércia inflacionária. Desaparecem também falsos problemas, como a tentativa de eliminar o déficit nominal ou a necessidade de financiamento do setor público (ou *Public Sector Borrowing Requirement*, na nomenclatura do FMI).

Em NC o déficit nominal coincidiria com o déficit operacional. Supondo-se que este esteja de fato eliminado, igualmente eliminado estará o déficit nominal que tanto preocupa o Fundo

Monetário Internacional. O falso problema do giro da dívida pública ficará automaticamente resolvido. Medido em NC, o crescimento da dívida pública nos últimos anos é apenas moderado. A demanda por NC permitirá, ou até mesmo obrigará, o resgate de parte importante da dívida pública, o que satisfaz a exigência dos que consideram exagerado o tamanho relativo atual dessa dívida. A confusão entre valores reais, ou em moeda constante, e valores nominais, que confunde até os técnicos do FMI, deixará de existir.

A grande vantagem do programa de reforma monetária, com introdução da moeda indexada, é que, ao contrário do choque ortodoxo, ou da insistência no gradualismo monetarista, não se reduz a liquidez na economia, não se aumenta assim a taxa de juros, nem se inviabiliza o investimento público. Tampouco se asfixia a iniciativa privada na vã tentativa de gerar um superávit fiscal operacional de tal ordem que seja possível conter o déficit nominal. Ao contrário, concomitantemente com o estancamento da inflação, verifica-se o aumento de liquidez real e abre-se espaço para o financiamento do setor público. Tal espaço pode ser utilizado para reverter o brutal aumento da carga fiscal sobre o setor privado dos últimos anos, para ajudar a equacionar problemas como o do Sistema Financeiro da Habitação, ou para outras questões julgadas prioritárias. A experiência histórica demonstra que, logo após a reforma monetária, há crescimento do produto e do emprego, sem que sobrevenha a recessão que acompanha o choque ou o gradualismo monetarista.[2]

Com relação à desindexação com controle de preços — o chamado choque heterodoxo —, o programa de reforma monetária aqui proposto tem a vantagem de não ser compulsório, não depender de controles administrativos e manter funcionando o mercado. Trata-se tão só da introdução de um ativo monetário superior à moeda contaminada pelo descrédito que decorre de longo período de inflação. Estanca-se assim a fuga da moeda contaminada, que no Brasil já reduziu o estoque real de moeda (M1 = depósitos à vista mais papel-moeda) e apenas 3% do produto nominal. Há dez anos, o estoque era superior a 15% do produto nominal.

Cumpre apenas tomar cuidado quanto à fórmula de conversão — para a nova medida — dos salários e dos preços públicos reajustados em intervalos mais longos. É absolutamente necessário que tal conversão seja apenas permitida ao preço real médio vigente no período entre os reajustes. Evita-se com isso que a conversão se faça pelos picos. Caso contrário, a incompatibilidade distributiva, criada pelo aumento de renda real desses agentes, reintroduziria a pressão inflacionária.

A proposta pode ser tachada de ousada, mas sua implementação é simples e não implica risco. De fato, na hipótese improvável de que o NC não venha a merecer a confiança do público, a inflação continuará onde está. A mudança de moeda corresponderia assim apenas ao corte de alguns zeros, o que, diga-se de passagem, será em breve um imperativo incontornável com a inflação no seu curso atual.

B
A moeda indexada:
Nem mágica, nem panaceia[*]

RECENTEMENTE FORMULEI PROPOSTA com base na introdução de uma nova moeda indexada, com o objetivo de superar o impasse em que se encontra a política econômica no plano do combate à inflação. O interesse e a polêmica em torno da sugestão demonstram a necessidade de romper o frustrante imobilismo a que está relegada a política anti-inflacionária. Com o intuito de esclarecer alguns pontos, procuro aqui responder às críticas e comentar as sugestões.

Críticas às premissas

As críticas feitas à proposta podem ser classificadas em duas categorias. Primeiro, críticas às premissas, a começar pela que

---

[*] Apresentado originalmente como texto para discussão (TD n. 81, dez. 1984) no Departamento de Economia da Pontifícia Universidade Católica do Rio de Janeiro.

entende que a atual inflação tem caráter predominantemente inercial. Por inflação inercial entende-se o componente de um processo inflacionário não explicado pelos fatores primários de pressões sobre os preços. Trata-se da taxa de inflação que se manteria no sistema caso não houvesse nenhuma ação ou choque no sentido de elevar ou reduzir os preços. A tal componente de inércia inflacionária, sobrepõem-se os choques deflacionários ou inflacionários. A redução da demanda agregada, através do controle monetário e fiscal, é um exemplo de choque deflacionário. A maxidesvalorização, que procura modificar a taxa de câmbio real, é por sua vez um exemplo de choque inflacionário. O componente inercial da inflação decorre do desenvolvimento de mecanismos de indexação por parte dos agentes econômicos que não apenas são inevitáveis em presença de longos períodos de altas taxas de inflação como independem da existência de mecanismos formais ou legais de indexação. As bases teóricas da distinção conceitual entre inflação inercial e choques inflacionários foram recentemente sumariadas em artigo do professor Francisco L. Lopes, "Inflação inercial, hiperinflação e desinflação: Notas e conjecturas". Aí podem ser encontradas também referências dos esforços de estimação empírica da contribuição dos choques inflacionários e deflacionários para o processo inflacionário brasileiro. Não é minha intenção retomar aqui tais considerações. Volto, portanto, às críticas à tese de que a inflação brasileira é hoje predominantemente de natureza inercial. As críticas a essa categorização podem ser subdivididas em dois grupos de visões distintas. No primeiro grupo, encontram-se as críticas de inspiração monetarista, que por sua vez podem ser distribuídas em dois subgrupos.

A monetarista ilustrada

O primeiro subgrupo de críticas de inspiração monetarista reconhece as implicações dos mecanismos de indexação, formais ou informais, e compreende que a estabilidade monetária e a eliminação do déficit nominal do setor público dependem da superação das dificuldades impostas pela indexação.

Críticos desse grupo não acreditam que a inflação seja predominantemente inercial, pois consideram que a quase eliminação do déficit operacional do setor público, conforme a definição acompanhada pelo FMI, não é suficiente. Tal definição — argumentam — não toma em consideração importantes focos de déficit não contabilizados e que permanecem intacados. Argumentam ainda que a disciplina monetária requer mudanças na atual estrutura das autoridades monetárias e maior independência do Banco Central.

Quanto a esse subgrupo da crítica monetarista, não temos discordância de substância, mas apenas de grau. Sendo a inflação predominantemente inercial, suprimidos os mecanismos de indexação, através da reforma monetária pela moeda indexada, entendemos que não haveria maiores problemas em manter o crescimento da moeda em níveis compatíveis com razoável estabilidade de preços. Quanto ao déficit do setor público, medido em nova moeda, o déficit nominal coincidiria com o déficit operacional e estaria, portanto, também praticamente eliminado. Qualquer que seja o teor de inadequação da definição do FMI, o déficit assim definido caiu de 8% do PIB, em 1982, para praticamente zero ao fim do corrente ano. É possível que ainda haja importantes fontes não contabilizadas de déficit, mas não há como negar a redução significativa do déficit nestes últimos dois anos. Simplesmente não nos parece, a priori, que ainda seja necessário um vigoroso esforço adicional para a redução das despesas públicas e o aumento da arrecadação fiscal. De qualquer forma, as críticas desse subgrupo limitam-se à proposta como condição suficiente para pôr fim à inflação. Aceitam, entretanto, a moeda indexada, como forma possível de implementar a condição necessária que é a desindexação. Independência das autoridades monetárias, transparência dos orçamentos públicos, disciplina monetária e fiscal são evidentemente fatores desejáveis, sem os quais a eliminação da inflação inercial, ainda que bem-sucedida num primeiro momento, estaria inevitavelmente fadada ao fracasso.

A monetarista radical

Analisemos então a crítica monetária (radical) de inspiração ortodoxa. Inicialmente, não reconhece a relevância dos mecanismos de indexação, através dos quais os agentes econômicos reajustam os preços pelo pico prévio de renda real atingido à época do reajuste anterior. Nega-se simplesmente qualquer relevância ao fenômeno da indexação, seja formal, seja informal. Para esse grupo, a persistência da inflação decorre única e exclusivamente da falta de credibilidade da política econômica, que não consegue controlar a oferta de moeda, nem reduz de modo suficiente o déficit público. As expectativas inflacionárias, formadas coerentemente a partir da observação da incompetência dos gestores da política econômica, encarregam-se de manter a virulência da inflação. Para esse grupo de analistas, não há problema de indexação ou de resistência inflacionária. Bastaria que um deles, de implacável convicção a favor do controle monetário e da redução do déficit público, fosse incumbido de administrar as finanças do país para que a inflação desabasse da noite para o dia.

Os que sustentam essa opinião devem explicar como será possível aumentar em termos reais todos os rendimentos dos que têm contratos com periodicidade de reajuste em intervalos regulares. É trivial demonstrar que o valor real médio dos contratos de salários e aluguéis, entre outros, corrigido pela inflação acumulada entre reajustes semestrais, aumentaria cerca de 30% caso a inflação, hoje em torno de 220% ao ano, fosse totalmente eliminada. Como é quase inviável o aumento simultâneo da renda real de todos os detentores de contratos assim indexados, não é possível reduzir de forma significativa a inflação sem quebrar a regra de indexação. É sempre possível quebrar tais regras de indexação, até mesmo as legais, através da rotatividade da mão de obra e dos aluguéis, aplicando-se um choque monetário suficientemente drástico. O primeiro problema com tal alternativa é que, sendo a grande parte das despesas do setor público e dos ativos das autoridades monetárias indexados, também o passivo monetário das autoridades monetárias tende a crescer de acordo com a inflação passada. Para impedir tal crescimento e estabilizar a base monetária, o Banco Central seria obrigado a aumentar substancialmente a colocação de dívida pública e elevar as taxas de juros reais a níveis absurdos. Os custos recessivos do choque monetário e fiscal sem desindexação seriam dramáticos. Disso discorda, entretanto, a ortodoxia monetarista. Não existe problema de indexação, mas apenas problema de expectativas inflacionárias. Expectativas que seriam alimentadas pelo déficit público. Diante da argumentação de que o déficit operacional do setor público foi praticamente eliminado, a ortodoxia monetarista utiliza-se de dois tipos de contra-argumentos.

Primeiro, observa que o déficit nominal manteve-se em torno de 18% do PIB. Ora, como a diferença entre o déficit operacional e o déficit nominal é justamente a correção monetária do estoque da dívida do setor público, é óbvio que tal déficit cresce com o aumento da inflação. Por outro lado, tal déficit seria idêntico ao déficit operacional, caso a inflação fosse eliminada. A comparação do déficit nominal do setor público com a taxa de poupança real da economia é uma confusão primária entre contabilidade nominal e contabilidade real. O mesmo tipo de confusão é feito quando se argumenta que o volume nominal de dívida pública a ser girado a cada ano significa pressão sobre a economia. Como o equilíbrio de carteira dos agentes na economia é estabelecido em termos de estoques reais de ativos, a parte do giro da dívida, que corresponde à mera reposição do seu valor real erodido pela inflação, ou à sua correção monetária, não implica modificação do equilíbrio e, portanto, não pressiona a poupança privada ou as taxas de juros.

Tal confusão, compreensível em pessoas sem intimidade com a teoria econômica, é surpreendente em economistas profissionais com formação acadêmica. A explicação para tal bloqueio analítico parece ter a mesma raiz psicológica do segundo tipo de contra-argumento levantado em relação à importância da indexação como mecanismo de resistência inflacionária. Trata-se de simplesmente negar a validade das estatísticas. Pouco importa que o déficit operacional do setor público, acompanhado cuidadosamente pelo FMI, tenha sido eliminado. A eliminação seria uma impostura conseguida com manipulações contábeis que iludem os técnicos do FMI. Há aqui uma inversão lógica do próprio argumento monetarista ortodoxo: em vez de "observar o déficit público para ver se a inflação será controlada", passou-se a "observar a inflação para saber se o déficit público foi controlado". Como a inflação não caiu — argumenta-se — só podem ser falsas as estatísticas indicativas da redução do déficit operacional do setor público, de 8% do PIB para praticamente zero, em dois anos. Negue-se a evidência dos fatos a fim de preservar o pressuposto teórico. Trata-se de mais uma ilustração do conhecido princípio: "Se os fatos não confirmam, pior para os fatos". Tal impenetrabilidade do dogmatismo teórico é matéria para psicossociologia do conhecimento.

Antes de voltar ao segundo grupo de críticas às premissas da proposta, cabe, entretanto, uma observação sobre o indisfarçável grau de perplexidade e desconforto que transpira dos diagnósticos e das sugestões da ortodoxia monetarista no Brasil. O longo período — desde meados de 1981 — de taxa de expansão monetária muito inferior à inflação confiscou o apelo e a força de argumentação que a simplicidade da Teoria Quantitativa da Moeda lhe conferia. O esforço de controle fiscal dos últimos dois anos dificultou a interpretação de que a expectativa de emissões monetárias futuras mantém acesas as expectativas inflacionárias. Com a perplexidade, aumentou o número de monetaristas ortodoxos que apelam para reformas "estruturais" ou "profundas". A esse respeito, vale a pena citar A. Hirschman:

> Enquanto os economistas latino-americanos que primeiro expuseram as teses estruturalistas eram em geral identificados com a esquerda, agora parece que a teorização estruturalista é um jogo de que todos os tipos de crentes na necessidade de reformas e mudanças fundamentais podem participar e de fato participam. Quanto mais persistente e mais intratável a inflação, maior a probabilidade de que todos os campos apareçam com seus favoritos diagnósticos e tratamentos profundos.[1]

O conflito distributivo

No segundo grupo de críticas às premissas da proposta estão os que veem a inflação como resultante de um conflito distributivo. Embora em linhas gerais aceitem as dificuldades criadas pela indexação para o controle inflacionário, tais críticas desconfiam da ênfase no componente inercial da inflação. A introdução da moeda indexada — argumentam — estará destinada ao fracasso se não for resolvido o conflito distributivo, que é a causa primária da inflação. A incompatibilidade distributiva reaparecerá na nova moeda e restabelecerá a dinâmica inflacionária. A incompatibilidade distributiva ex ante, ou seja, as aspirações por parte de diferentes grupos de agentes na economia, por fatias de renda nacional que somam mais do que o todo, só pode ser resolvida ex post, através da redução da renda real de alguns agentes pela elevação dos preços.

Tal formulação, embora tenha grande apelo intuitivo, é destituída de qualquer relevância teórica ou prática, a menos que se tornem explícitas as funções de comportamento dos diferentes grupos de agentes. Se não forem adequadamente formuladas as razões do conflito distributivo, afirmar que a inflação decorre de demandas sobre a renda superior ao todo é uma observação meramente tautológica, compatível com qualquer formulação teórica, inclusive a puramente monetarista.

É possível argumentar como se segue. A crise do endividamento externo, que eliminou o acesso do Brasil a novos empréstimos internacionais, requer do país uma transferência de recursos para o exterior. Tal transferência, conceitualmente equivalente à questão das reparações de guerra, conhecida na literatura econômica como "o problema da transferência", exige que se extraia excedente através da redução do salário real e da queda da absorção, isto é, do consumo e do investimento. O valor dessa transferência, e portanto do excedente a ser extraído, é regulado pela taxa de juros internacional e pelo volume dos novos empréstimos — hoje semicompulsórios — pelo Brasil. Considerando que a taxa de juros internacional não ape-

A MOEDA INDEXADA: NEM MÁGICA, NEM PANACEIA

nas continua extremamente alta em termos reais como poderá voltar a elevar-se, e que a disponibilidade de novos créditos só tende a diminuir, o valor da transferência de recursos não apenas é alto como poderá aumentar. Para extrair tal excedente, será necessário comprimir o salário real. Combinando-se a necessidade de redução adicional de salário real com as demandas de reposição salarial que poderão advir de um período de democratização pública, tem-se a exacerbação do conflito distributivo. Ainda que a eliminação da inflação inercial seja bem-sucedida, surgirão, portanto, de forma inevitável, novas pressões inflacionárias.

Não é possível negar as graves pressões que decorrem da brutal transferência de recursos exigida pela crise da dívida externa, que, apesar de temporariamente sob controle, está longe de ter sido equacionada. À crítica da incompatibilidade assim formulada, a resposta é a mesma dirigida à crítica monetarista ilustrada: a reforma da moeda indexada não tem pretensões de resolver todos os problemas fundamentais do país. Se problemas existem, ou virão a existir, que impliquem choques inflacionários, a inflação será retomada, ainda que num primeiro momento a reforma monetária seja bem-sucedida. De qualquer forma, o processo inflacionário, se retomado, se iniciaria a partir de patamares significativamente inferiores aos atuais.

Para encerrar a resposta às críticas das premissas, quanto ao caráter eminentemente inercial da atual inflação brasileira, é preciso frisar que a proposta é perfeitamente compatível com medidas adicionais que objetivem manter os preços próximos da estabilidade. A moeda indexada é única e *exclusivamente* uma forma de desindexar a economia, eliminando assim o componente inercial da inflação. Quanto maior a crença na predominância do componente de inércia da inflação, mais a

219

proposta se aproximará da condição de suficiência para estabilizar os preços. Trata-se, entretanto, de fórmula viabilizadora da condição necessária — a desindexação —, desde que se admita algum componente de inércia na inflação. Entretanto, deve-se tomar cuidado com os que de forma genérica são céticos em relação a qualquer ideia que possa reduzir a inflação sem mudanças profundas na estrutura social e política. Citando mais uma vez A. Hirschman:

> Aqueles que pretendem que a inflação é devida a alguns problemas fundamentais na estrutura social e política se convencerão de imediato que tais problemas existem; uma vez convencidos, serão altamente tentados a vincular a eliminação de um mal tão universalmente reconhecido, como a inflação, à implementação de um programa de mudança sociopolítica que tem normalmente um apelo muito mais limitado.[2]

Tal comentário vale tanto para os conservadores novos-estruturalistas-monetaristas, como para os progressistas associados ao conflito distributivo.

Críticas às consequências

Passamos agora à segunda categoria de críticas. Referem-se não à predominância da inflação inercial, mas se voltam para possíveis consequências negativas da tentativa de implementação da proposta. Algumas são frutos do mero não entendimento do que foi proposto. A alegação de que os preços relativos se tornariam rígidos é o exemplo mais eloquente. Ora, a conversão da economia para um sistema de preços cotados na nova moeda, no qual embora os valores sejam indexados

A MOEDA INDEXADA: NEM MÁGICA, NEM PANACEIA

diariamente em relação à velha moeda não há indexação, reintroduz a flexibilidade de preço relativo que no atual sistema indexado só é obtida através da aceleração da inflação. Nada impede que um preço caia ou suba na nova moeda. Muito pelo contrário. Com a inflação na nova moeda mantida em níveis razoáveis, é restabelecida a própria noção de preços relativos, que se perde no ambiente de altas taxas de inflação. O relaxamento da disciplina exercida pela demanda em condições de inflação crônica — pois torna-se impossível distinguir movimentos de preços relativos dos movimentos do nível geral de preços — é fenômeno amplamente estudado. A reforma da moeda indexada restabelece tanto a noção de preços relativos, perdida pela exposição à inflação crônica, como a flexibilidade de preços relativos, perdida pela indexação.

A hiperinflação na moeda velha

Exemplo do que nos parece ainda ser má compreensão da proposta é a afirmação de que dela resultará a hiperinflação na moeda velha. São duas as linhas de argumento nesse sentido. A primeira teme ou a perda do controle monetário ou a aceleração da velocidade de circulação da moeda velha. O exemplo histórico da Hungria, imediatamente após a Segunda Guerra, é invocado para sustentar tal tese. Em 1946, na Hungria foi criada uma moeda indexada, o pengo fiscal, cuja cotação em relação à moeda não indexada era revista diariamente de acordo com a variação no nível geral de preços.

A Hungria experimentou nesse período a maior hiperinflação de que se tem notícia. Tal como foi introduzido na Hungria, o pengo fiscal foi, sem dúvida nenhuma, fator de aceleração da inflação medida em pengo não indexado.

221

O pengo fiscal consistiu inicialmente apenas em depósitos à vista indexados no sistema bancário. Só dois meses antes do fim da hiperinflação, em agosto de 1946, entrou em circulação o papel-moeda indexado.[3] O ponto fundamental a ser abordado é que o Banco Central da Hungria nunca se dispôs a comprar o pengo não indexado. Ora, se uma moeda indexada entrar em circulação paralela com uma moeda não indexada, em ambiente de altas taxas de inflação, haverá uma tentativa do público de correr para a moeda indexada e fugir da moeda convencional. Consequentemente, a velocidade de circulação da moeda convencional se acelerará de forma significativa. Ao forçar os bancos a aceitar depósitos à vista indexados, mas não indexando as reservas bancárias, ou seja, não comprando pengos convencionais e vendendo pengos fiscais, o governo da Hungria estava convidando o público não bancário a se defender parcialmente do imposto inflacionário. Os bancos, entretanto, ao receber tais depósitos em pengos convencionais, que se transformavam em passivos indexados, tratavam de se livrar o mais depressa possível dos pengos convencionais recebidos.

Tal aceleração da velocidade de circulação da moeda velha não ocorrerá, entretanto, se o Banco Central comprar à cotação do dia quantidade irrestrita de moeda velha, suprindo a demanda pela moeda indexada. Com o Banco Central trocando ilimitadamente a moeda velha pela moeda nova à cotação do dia, não há risco nem de aceleração da velocidade de circulação, nem do aumento da oferta de moeda velha. Ao contrário, a base monetária da moeda velha sairá rapidamente de circulação, pois tanto os bancos como o público não bancário venderão imediatamente seus estoques de moeda velha ao Banco Central, em troca de moeda indexada. A afirmação de que a introdução da moeda indexada, nos termos da proposta, provocaria uma hiperinflação na moeda velha, com base

A MOEDA INDEXADA: NEM MÁGICA, NEM PANACEIA

apenas no ocorrido na Hungria em 1946, revela desconhecimento das razões da aceleração da inflação húngara quando da introdução do pengo fiscal — aliás muito bem analisadas nos artigos de Bomberger e Makinen — e da diferença fundamental representada pela possibilidade de se vender a moeda velha ao Banco Central.

A segunda linha de argumentação da crítica dos riscos de hiperinflação, causados pela introdução da moeda indexada, baseia-se na observação de que o aumento dos preços na nova moeda é a aceleração dos preços na velha moeda. Ou seja, a inflação na nova moeda corresponde ao aumento da inflação na velha moeda. Ou ainda, em termos técnicos, a primeira derivada dos preços em relação ao tempo na nova moeda é igual à segunda derivada dos preços em relação ao tempo na velha moeda. Impõe-se a conclusão trivial de que, se houver inflação na nova moeda, estará havendo aumento da inflação na velha moeda. Ocorre que, como tal relação vale por *definição*, todas as possíveis causas e as possíveis consequências da inflação na nova moeda coincidem com as causas e consequências da aceleração da inflação na velha moeda. Um choque, por exemplo, que viesse a causar aumento da inflação na velha moeda causaria inflação na nova moeda e, consequentemente, reduziria o salário real médio, por exemplo, tanto dos contratos fixados na moeda velha como na moeda nova.

Assim como não há nenhuma garantia de que não ocorrerão novos choques, sejam de demanda, sejam de oferta, que venham a provocar inflação na nova moeda, também não há rigorosamente nenhuma razão lógica a priori para, com base na identidade entre inflação na nova moeda e aumento da inflação na velha moeda, concluir que haveria aceleração da inflação medida na velha moeda. A vantagem da desindexação pela moeda indexada é justamente, e apenas, eliminar o com-

223

ponente de inflação inercial. Abre-se assim a possibilidade de, se necessário, utilizar com sucesso e sem maiores sacrifícios a política de demanda — tanto monetária como fiscal — para manter a estabilidade dos preços na nova moeda.

A conversão pelas médias

Ponto incontestavelmente crítico da introdução da moeda indexada é a conversão dos contratos estipulados em cruzeiros e reajustados com periodicidade fixa. O valor real médio de tais contratos aumenta ou reduz se a inflação diminui ou acelera. Para que a conversão do sistema de preços seja feita de forma neutra, ou seja, sem afetar os preços relativos reais médios, é fundamental que tais contratos sejam convertidos não pelos picos, mas pelas médias de seus valores reais entre reajustes. Os salários e os aluguéis são exemplos de contratos que devem ser convertidos pelas médias.

Na proposta original, sugeri que fosse facultativo, para quem recebe renda contratual, exercer a conversão para a nova moeda. Se a opção fosse exercida, entretanto, só poderia ser feita pelo valor real médio dos rendimentos no último período entre reajustes. A opção da conversão poderia ser exercida a qualquer momento, não se restringindo à data do reajuste contratual em moeda velha. Um assalariado poderia, portanto, optar por ter seu salário fixado na nova moeda, não sendo obrigado a esperar o mês do reajuste para decidir.

O aspecto facultativo, tanto da decisão de conversão como do momento de fazê-lo, tem evidentemente grande apelo. Foi, entretanto, observado com propriedade que a livre decisão do momento da conversão induzirá os assalariados (faço referência aos contratos de salários, mas o raciocínio vale para todo

A MOEDA INDEXADA: NEM MÁGICA, NEM PANACEIA

contrato com reajuste de periodicidade fixa) que já estiverem
com salário real abaixo do médio (isto é, aproximadamente
após o terceiro mês desde o reajuste) a exercer a conversão de
imediato, enquanto os que estiverem com salário real acima do
médio (isto é, antes do terceiro mês desde o reajuste) a esperar
para optar pela conversão, quando os salários reais tiverem
atingido o valor real médio dos últimos seis meses. O resultado
desse comportamento será o de elevar o valor real do agregado
de salários na economia. Tal elevação será, contudo, apenas
temporária. À medida que os novos contratos atinjam o valor
real médio — com opção de conversão exercida ou não —, tal
distorção desaparece. Observe-se que, se a inflação na moeda
velha estivesse estabilizada, a distorção desapareceria em três
meses. Se a inflação estivesse se acelerando, tal distorção desapareceria ainda em menor prazo.

Os problemas desse tipo decorrem do fato de que os reajustes contratuais não estão sincronizados num único mês, mas
distribuídos ao longo dos doze meses do ano. Foi certamente
com base nesse gênero de considerações que o professor Mário
Henrique Simonsen propôs que, antes da introdução da nova
moeda indexada, os reajustes de salários e de aluguéis fossem
sincronizados com reajustes mensais em ORTNs pelo critério
das médias. Dessa forma estaria resolvido o problema provocado pela data facultativa de conversão. A solução, contudo,
exige que seja feita por via legal e impositiva a transformação
pelas médias e, conforme o próprio professor Simonsen acen-
tua, deixa a economia durante o período de transição indexada
mensalmente, portanto, muito mais sensível a choques inflacionários de oferta. Na proposta do professor Simonsen, esse
período de transição com economia indexada mensalmente
duraria seis meses. As dificuldades da sincronização contratual por via legal e os riscos de um período de transição com

225

a economia muito mais sensível a choques de oferta me parecem exceder suas vantagens. Essas são, entretanto, questões abertas a exame mais cuidadoso.

O importante é compreender que a indexação, formal ou informal, introduz uma rigidez para baixo no processo inflacionário, o que torna a relação entre custos e benefícios da utilização de políticas tradicionais de controle de demanda de tal forma desfavorável que não há como conseguir ganhos expressivos apenas através do controle monetário ou fiscal. A moeda indexada é forma neutra de passar a economia para um sistema não indexado. Restabelece-se assim não apenas a eficácia dos tradicionais instrumentos de política monetária e fiscal como a sua própria viabilidade. Sem superar o problema da indexação, não há clamor por rigor fiscal e monetário que vença a atual inflação, superior a 200% ao ano. A história está cheia de exemplos — Argentina e Israel são os mais recentes — para demonstrar que os processos inflacionários crônicos terminam quase que invariavelmente em hiperinflações alucinantes. Evitar que a atual inflação brasileira siga pelo mesmo caminho exige algo mais que o bater em teclas surradas e insistir com fórmulas comprovadamente incapazes de trazer a inflação para níveis razoáveis. O primeiro passo é vencer o imobilismo que a ignorância cautelosa impõe à discussão da política anti-inflacionária.

C
Inflação inercial e reforma monetária no Brasil[*]

Introdução

A INFLAÇÃO NO BRASIL se tornou primordialmente inercial no período de 1967 a 1973, quando apesar de uma vigorosa recuperação econômica, que diminuiu rapidamente o desemprego e os índices de utilização da capacidade ociosa, a taxa de inflação se estabilizou em torno de 20% ao ano. O primeiro choque do petróleo, em 1973, elevou a taxa de inflação ao patamar de 40% ao ano entre 1974 e 1978. Esse período de quatro anos confirmou a notável estabilidade da taxa de inflação. Com o segundo choque do petróleo, a depreciação de 30% do cruzeiro em relação ao dólar e a redução do período de

---

[*] Artigo em coautoria com Persio Arida, escrito originalmente em inglês para a conferência "Inflation and Indexation" (Instituto de Economia Internacional, Washington, DC, 6-8 dez. 1984), e posteriormente apresentado como texto de discussão (TD n. 85, jan. 1985) no Departamento de Economia da Pontifícia Universidade Católica do Rio de Janeiro. Tradução de Cássio de Arantes Leite, revista por André Lara Resende.

recomposição salarial e de aluguéis, em 1979 e 1980 a inflação acelerou e atingiu o patamar de 100% ao ano.

Diante da elevação na taxa de inflação e das crescentes dificuldades para refinanciar o desequilíbrio do balanço de pagamentos, devido à retração dos mercados de crédito externos, a adoção de medidas de austeridade era tida como inevitável. Ao final de 1980, foi implementado um programa de medidas fiscais com cortes generalizados em todos os programas de investimento público e com a antecipação do imposto de renda sobre pessoa jurídica. A política monetária já havia se tornado um tanto restritiva desde meados de 1980, a partir de quando o Banco Central passou a fazer uma política agressiva de venda de títulos públicos no mercado aberto. A restrição monetária foi adicionalmente reforçada com a imposição de limites para crédito bancário em níveis muito abaixo da inflação. A taxa de juros real se elevou significativamente. A taxa real básica no interbancário ficou em torno dos 30% ao ano, com o custo do crédito para o consumidor e as taxas marginais de empréstimos atingindo níveis ainda mais elevados.

O impacto na atividade econômica foi significativo. A produção industrial, que havia crescido em média 7% ao ano no período de 1968 a 1980, teve uma queda de quase 12%. Apesar do rápido crescimento do desemprego e do colapso do investimento, tanto público quanto privado, houve apenas uma redução marginal da inflação, de 110% em 1980 para 100% em 1981. Essa pequena moderação da inflação foi resultado da redução do crescimento de preços agrícolas. O ritmo de crescimento dos preços industriais não se reduziu.

O cenário para 1982 não se alterou de forma significativa. A atividade industrial mais uma vez caiu quase 7%, mas, sem a ajuda dos preços agrícolas, a inflação não diminuiu — pelo contrário, elevou-se marginalmente.

228

A crise da dívida e o colapso dos mercados de crédito internacionais, que se seguiram à moratória mexicana de agosto de 1982, levaram a crise externa de liquidez brasileira a um momento crítico. Iniciou-se rapidamente uma negociação com o FMI para reescalonar o vencimento da dívida externa do setor privado de forma ordenada. O programa de ajuste do FMI foi o tradicional. Para restaurar o equilíbrio interno e externo, o país deveria reduzir a absorção doméstica de recursos. Metas de política monetária ainda mais restritivas foram estipuladas e o déficit do setor público deveria ser eliminado a curto prazo. De acordo com as métricas do FMI, o déficit nominal era estimado em 16% do PIB em 1982. O déficit nominal deveria desaparecer após dois anos da implementação do programa de ajuste.

Todas as metas nominais estipuladas pelo FMI foram revisadas após nova depreciação real da taxa de câmbio, da ordem de 30%, em fevereiro de 1983. No entanto, mesmo as metas revisadas mostraram-se impraticáveis nos trimestres subsequentes. A aceleração da taxa de inflação para 210% em 1983 tornou inviáveis todas as tentativas de cumprir as metas nominais acordadas. Mais uma vez, a inflação brasileira deu provas de ser extremamente sensível a choques de oferta adversos e insensível a políticas de restrição da demanda. O FMI não compreendeu de imediato o papel da indexação e da consequente impossibilidade de eliminar o déficit nominal do setor público.

A necessidade de definir e mensurar o déficit do setor público real — ou operacional — e o incluir como uma meta adicional no programa de estabilização foi finalmente aceita pelo FMI. O déficit público real, ou operacional, é definido como a diferença entre o déficit nominal — ou as necessidades de financiamento do setor público, na nomenclatura do FMI — e o valor da correção monetária aplicada ao estoque de dívida pública indexada. Apesar de ser claro que essa é a definição economicamente relevante de déficit público, uma injustificada confusão persiste na maior parte das análises da política fiscal brasileira nos dois últimos anos. O déficit real do setor público foi estimado em 8% do PNB em 1982. Em 1983, foi reduzido a 3,5% do PNB. Ao fim de 1984, o déficit fiscal já estava praticamente eliminado. Por qualquer critério de avaliação, trata-se de uma reversão dramática do desequilíbrio fiscal. O déficit nominal, no entanto, não se reduziu. Na verdade, aumentou ligeiramente. A discrepância no comportamento dos déficits nominal e real ou operacional desde 1982 se explica pela aceleração da taxa de inflação. É uma observação trivial que, com a persistência da taxa de inflação no patamar de 200%, a eliminação completa do déficit nominal em um ano iria requerer um superávit fiscal de dois terços do valor real do estoque de dívida pública no início do período. É evidente que a redução do valor real do estoque da dívida pública, acumulada ao longo da história da economia, a um terço de seu valor em apenas um ano é tarefa impossível.

Como o equilíbrio de portfólio dos agentes na economia é baseado no valor real dos ativos, fica claro que a mera recomposição nominal do valor real da dívida pública, corroída pela inflação, não exerce qualquer pressão sobre o equilíbrio econômico. É lamentável que essas confusões elementares, como a comparação da taxa de poupança real com o déficit público nominal, ou os cálculos de um suposto efeito de *crowding-out* baseados na rolagem nominal da dívida pública, ainda sejam frequentes em debates sobre a economia brasileira.

Essas confusões foram motivadas pelo fato de a inflação no Brasil não mostrar sinais de retroceder durante o ano corrente. A inflação deve fechar o ano de 1984 próxima do patamar de 230%. A perplexidade causada pela resistência do processo inflacionário levou alguns analistas a concluir erroneamente que o programa de ajuste não foi implementado nos últimos quatro anos. A espetacular reversão da balança comercial, de um déficit de 3,5 bilhões de dólares para um superávit de 6 bilhões em 1983 e 13 bilhões em 1984, não deixa margem para dúvida: o ajuste de fato ocorreu. A economia brasileira hoje está saudável e renovada. A resistência da inflação às medidas de austeridade não pode ser explicada pela desqualificação ou pela negação do ajuste. Deve, portanto, ter outra explicação.

Equívocos

O fracasso das medidas de austeridade em reduzir a inflação levou a diferentes interpretações e sugestões. Antes de expor a nossa avaliação específica do problema inflacionário, resumimos nesta seção cinco explicações alternativas. Como envolvem uma vasta gama de questões, não cabe aqui uma discussão completa. De qualquer forma, é importante identificá-las e apontar suas deficiências.

A primeira delas nega que as medidas de austeridade tenham fracassado. Afirma que a restrição monetária tem um efeito defasado sobre a inflação. A queda da produção é vista como a primeira etapa do processo de estabilização; numa segunda etapa, a produção se recuperaria e a inflação diminuiria. De acordo com essa primeira abordagem, a inflação deverá eventualmente ceder, desde que a contração monetária persista por um período suficientemente prolongado. O problema com essa argumentação é que se baseia em defasagens não especificadas. A menos que seja apresentada uma razão para essa longa defasagem, que impediria o controle monetário de reduzir a inflação, o argumento fica reduzido a um ato de fé. Não parece oferecer uma base consistente para a política econômica.

A segunda explicação nega não só o fracasso, mas a própria existência das medidas de austeridade. Baseia-se na questionável tese de que não pode haver inflação se não houver déficit fiscal financiado pela expansão monetária. Diante da evidência de que houve contração monetária, os defensores dessa tese defendem que é preciso usar um conceito mais amplo de moeda, na tentativa de encontrar um agregado monetário suficientemente abrangente para explicar a inflação corrente. Diante da evidência de que políticas fiscais austeras foram implementadas, os defensores dessa abordagem sugerem que o déficit fiscal está mal calculado. Em uma surpreendente inversão do argumento tradicional, veem a inflação como prova de déficits fiscais ocultos. Os números que mostram a redução dramática do déficit fiscal, de 8% do PIB em 1982 para zero em 1984, são vistos com desconfiança. O fato de terem sido endossados pelo FMI e pelo Banco Central — e de serem coerentes com o restante dos dados disponíveis — não é considerado suficiente. O argumento de que a inflação é prova da existência de um déficit, que é supostamente responsável por ela, é no entanto frágil, justamente porque a eliminação do déficit fiscal operacional é a condição necessária, mas não suficiente, para reduzir a inflação. Apesar da extensão do déficit fiscal ser uma questão empírica, a recusa em aceitar a evidência sugere que os defensores dessa tese são mais afeitos a teorias simplistas do que à compreensão de realidades concretas. É sempre possível achar um agregado monetário abrangente o bastante para ter uma alta correlação com a inflação, mas isso não pode ser visto como base de sustentação para a negação do ajuste fiscal e monetário.

A terceira interpretação admite a implementação e reconhece o fracasso das medidas de austeridade. E as interpreta como um testemunho da natureza "psicológica" da inflação brasileira. A inflação continuaria somente porque as autoridades monetárias não têm credibilidade. Assemelhar-se-ia a uma bolha especulativa que poderia ser revertida, caso houvesse um novo governo dotado de credibilidade. O fim súbito das hiperinflações é citado com frequência para apoiar essa tese.

A deficiência da terceira interpretação não está em enfatizar o papel das expectativas nos processos inflacionários crônicos. A mera busca por credibilidade, no entanto, é insuficiente para a formulação de estratégias para lidar com a inflação. Além de não oferecer sugestões específicas de políticas a serem adotadas, a abordagem "psicológica" também não explica qual a racionalidade por trás das expectativas inflacionárias. Como discutiremos adiante, o fim súbito das hiperinflações oferece lições valiosas que não foram exploradas pelos defensores da abordagem "psicológica".

A quarta interpretação é a do choque ortodoxo. Seu argumento é que uma contração monetária maior e mais abrupta necessariamente reduziria a inflação. É crítica das atuais medidas de austeridade por serem excessivamente tímidas; é crítica da abordagem "psicológica" por não reconhecer que a credibilidade provém da capacidade de impor, de uma vez por todas, um choque capaz de curar definitivamente a inflação através de uma queda drástica da renda nominal.

O problema do choque ortodoxo está no seu custo em termos de renda e emprego. Não há dúvida quanto a sua eficiência em reduzir a inflação. Os benefícios obtidos com uma redução sustentada da taxa de inflação são bem conhecidos, mas devem ser contrapostos aos custos dessa redução. Se a estabilização for demasiado onerosa, a adaptação à taxa de inflação corrente pode, na falta de melhores alternativas, ser preferível à tentativa de reduzi-la para uma taxa tida como mais aceitável.

A reforma monetária discutida adiante fornece uma estratégia de estabilização com custos muito menores dos que os do choque ortodoxo. Para avaliar os custos das propostas ortodoxas, observemos que a desinflação abrupta, provocada por choques de demanda ortodoxos, será provavelmente acompanhada de mudanças drásticas nos preços relativos. Os contratos na economia têm um período fixo de duração. O valor real do contrato no período depende da taxa de inflação corrente, mesmo que o contrato contemple ao fim do período o completo restabelecimento do nível de pico nominal anterior. Nessas circunstâncias, um declínio abrupto da inflação de 230% para 0% ao ano, por exemplo, significaria um crescimento imediato de aproximadamente 30% nos salários reais, já que os salários nominais são reajustados a cada seis meses de acordo com a inflação passada. Não é preciso muita imaginação para compreender as perturbações causadas pelas mudanças repentinas dos preços relativos, resultantes do choque ortodoxo em uma economia em que todos os contratos têm cláusulas de indexação.

A quinta interpretação é a do choque heterodoxo. Seus defensores reconhecem o caráter inercial da inflação brasileira. No entanto, em vez de tentar quebrar a inércia através do gerenciamento da demanda agregada, preferem a adoção de controles administrativos. Uma espécie de pacto social faria a inflação cair definitivamente para zero, mediante o congelamento dos salários nominais, a fixação do câmbio e o controle de preços. O congelamento eliminaria o componente inercial da inflação. Como o déficit fiscal operacional é insignificante, os agentes teriam motivos para acreditar que após o congelamento temporário a inflação permaneceria próxima de zero.

A força da proposta heterodoxa está no reconhecimento explícito do caráter inercial da inflação brasileira. Sua fraqueza está nos remédios propostos. Com inflação alta há grande volatilidade de preços relativos. Uma fotografia da economia em qualquer momento exibiria preços relativos inconsistentes. Somente ao longo do tempo os preços relativos atingem seu precário equilíbrio. Congelar os preços nominais em uma data qualquer por decreto legislativo significaria, muito provavelmente, congelar preços relativos inconsistentes. Se o congelamento anunciado for muito curto, será incapaz de suprimir a inflação herdada do passado; se for longo demais, a inconsistência dos preços relativos e os eventuais choques de oferta e demanda terão de ser enfrentados com medidas de racionamento. Nesse caso, o fim do congelamento será provavelmente seguido de fortes pressões para restaurar os preços relativos, o que faria a inflação ressurgir com força.

Deixando de lado os obstáculos práticos, quase intransponíveis, à implementação de um congelamento bem-sucedido de salários e preços, existem dois aspectos do choque heterodoxo que merecem ser destacados. Primeiro, o correto diagnóstico da inflação inercial, sobre o qual mais se falará na próxima seção. Segundo, quanto à necessidade de expansão monetária defendida pelos adeptos do choque heterodoxo. Quando salários e preços são congelados, a moeda recupera sua função como reserva de valor. As perdas incorridas por manter dinheiro em espécie durante o período de congelamento estão limitadas à taxa de juros real. Com o congelamento e a interrupção da inflação, a demanda por moeda aumenta. Se não houver expansão monetária, o congelamento provocaria pressões deflacionárias latentes. Uma breve reflexão, no entanto, indica que resultados semelhantes são obtidos com a moeda indexada. Se os salários e os preços aumentam em termos nominais, mas a moeda está indexada à taxa de inflação corrente, ela recupera sua função de reserva de valor, exatamente como na proposta heterodoxa. Para um dado nível de renda, a demanda por moeda indexada também depende apenas da taxa de juros real.

Essas considerações sugerem que a proposta alternativa ao congelamento é a emissão da moeda indexada. Mas antes de examinar a mecânica da reforma monetária é necessário discutir a inflação inercial mais a fundo.

Inflação inercial e indexação

A inflação se torna inercial quando os contratos têm cláusulas de indexação que levam à recomposição de seu valor real em intervalos fixos de tempo. É crucial para a compreensão da inflação inercial o fato de que o reajuste do valor nominal dos contratos, ainda que em 100% da inflação no período anterior, não garante a almejada manutenção do valor real dos contratos. Para um dado período entre dois reajustes, o valor real médio de um contrato depende da inflação corrente, mesmo que seus termos contemplem o reajuste total das perdas incorridas devido à inflação passada. A menos que a duração do período seja ínfima, cláusulas de indexação são uma proteção (um hedge) imperfeita contra a inflação. Dado um período de indexação, quanto maior for a taxa de inflação, menor será o valor real médio do contrato. Dada uma taxa de inflação, quanto mais curto o período entre os reajustes, maior o valor real médio do contrato. A taxa de inflação e a duração do período de indexação são as duas dimensões cruciais dos contratos com cláusulas de indexação retroativa integral em processos de inflação inercial.

Essas duas dimensões não são independentes. A economia brasileira não é uma exceção à regra de que acelerações acentuadas na inflação levam à redução da duração dos contratos. Dados os custos transacionais envolvidos na revisão dos contratos, pequenas acelerações da inflação não levam à redução do período de indexação. Porém as perdas de valor real causadas por fortes acelerações na inflação tornam a revisão legal dos contratos inevitável. Quanto mais alta a inflação corrente, menor tende a ser o período de indexação dos contratos.

A inércia do reajuste do período de indexação é uma faca de dois gumes. Do ponto de vista dos choques de oferta, é certamente positiva. Em uma economia indexada, a mudança nos preços relativos provocada por um choque de oferta ocorre através de variações na taxa de inflação. Se os agentes respondem rápido demais a qualquer aceleração na inflação reduzindo a duração do período de indexação, uma pequena mudança nos preços relativos exigiria drásticas acelerações na taxa de inflação. É trivial a demonstração de que a taxa de inflação causada pela depreciação real da taxa de câmbio em fevereiro de 1983 seria muito mais alta se os assalariados tivessem tido sucesso na imposição de contratos indexados trimestrais em vez do atual padrão semestral. A sequela inflacionária de um choque de oferta depende crucialmente das restrições que impedem os agentes de se defenderem da mudança nos preços relativos por meio da imposição de períodos de indexação mais curtos.

Do ponto de vista da inércia da inflação, no entanto, a inércia na revisão do período de indexação é negativa, porque é o período de indexação que determina a memória do sistema de preços. De forma simplificada, imagine que os contratos sejam escalonados ao longo do tempo. Todos os contratos têm a mesma duração — digamos, seis meses. A cada data designada, o valor nominal do contrato é revisto para cima. Portanto, a cada data designada, eventos ocorridos até seis meses antes determinam o ajuste dos preços correntes. Seis meses é o período do passado mantido na memória do sistema. Se houver uma redução da inflação, digamos, no mês t, esse sucesso seria minado pelo fato de que os contratos reajustados no mês t + 1 contêm a informação das altas taxas de inflação que prevaleceram nos meses de t − 5 a t. É evidente que zerar a memória do sistema é condição para quebrar a inércia dos processos inflacionários. De fato, essa condição crucial é atendida na hiperinflação. Um dos segredos das histórias do fim das hiperinflações é que, durante a hiperinflação, todas as vantagens associadas a mais longos períodos de indexação são ofuscadas pela necessidade de revisar os preços quase que continuamente. Desaparece a inércia da inflação através da qual eventos que aconteceram há, digamos, seis meses imprimem sua marca no presente. As hiperinflações carregam consigo as sementes de sua própria superação, no sentido de que forçam os agentes a minimizar o período de indexação. Se a transição de uma inflação de três dígitos para a hiperinflação pudesse ser atravessada sem custos, uma possível solução para o problema inflacionário no Brasil seria levar a economia até a hiperinflação para reduzir a memória do sistema. É desnecessário dizer que os traumas causados pelas hiperinflações impossibilitam essa solução. Mesmo assim, a lição permanece. Como veremos a seguir, a reforma monetária separa o efeito desejado — a redução do período de indexação — da sua causa espontânea — a aceleração da inflação. A ideia da reforma monetária é provocar o encolhimento da memória do sistema de preços sem necessidade de chegar à hiperinflação.

Em relação a isso, um aspecto da indexação merece ser destacado. A indexação por contatos revisados em intervalos

INFLAÇÃO INERCIAL E REFORMA MONETÁRIA NO BRASIL

fixos de tempo não é perfeita (não garante o valor real dos contratos), a menos que o período entre reajustes seja muito curto. Por que motivo então os agentes, em especial os assalariados, aceitam contratos com reajustes em intervalos fixos se o objetivo da indexação é justamente a manutenção do valor real do contrato? Duas conjecturas podem ser feitas na tentativa de responder a essa questão. Em termos keynesianos, nos quais o que importa são os salários relativos, é possível sustentar que o salário real médio depende da inflação, mas os salários relativos entre as diferentes categorias profissionais permanecem invariantes à taxa de inflação. Em termos teóricos mais profundos é possível argumentar que o arranjo alternativo mais provável, isto é, contratos dotados de cláusulas de gatilho de indexação, é instável.

Com o gatilho de indexação, o reajuste nominal ocorre sempre que a inflação atinge uma magnitude, de digamos 20%, após o último reajuste. Quanto maior a taxa de inflação, menor a duração dos intervalos. É trivial demonstrar que o gatilho de indexação torna o valor real dos contratos insensíveis à taxa de inflação. Para apreender a instabilidade desse arranjo, considere uma empresa que tem contratos com gatilho de indexação para salários e matérias-primas. A empresa não sabe quando os contratos serão revisados para cima. As margens de lucro dependem da relação entre a taxa de elevação do preço do produto da própria empresa e do índice geral de preços. Se a primeira for menor, os contratos de salários e matérias-primas corrigidos pela inflação se elevam mais rapidamente que o faturamento da empresa e os lucros diminuem. Os incentivos para a aceleração da inflação diante de planos de gatilho de inflação são evidentes.

ORTN, taxa de câmbio e salários

A dialética entre o aumento da inflação (que reduz o valor real dos contratos) e os períodos de indexação mais curtos (que aumentam o valor real dos contratos) é crucial para a experiência brasileira. A indexação é reação natural a um processo de alta inflação. A naturalidade da indexação fica de certa forma obscurecida pelo status legal concedido à indexação por meio das ORTNS.

ORTN é a abreviatura de Obrigações Reajustáveis do Tesouro Nacional, um título público indexado. Todo mês as autoridades monetárias anunciam a mudança no valor da ORTN. No momento, essa variação mensal corresponde à variação do índice geral de preços. Quase todos os contratos indexados no Brasil hoje são denominados em ORTNS. A maior parte dos contratos financeiros é indexada. A maioria dos preços industriais é cotada de forma implícita em ORTNS e os imóveis são cada vez mais cotados explicitamente em ORTNS.

O status legal concedido à indexação pela ORTN levou alguns analistas a concluir que a indexação é exclusivamente resultado da legislação. Essa conclusão não se sustenta. Atribuir à aplicação legal dos contratos indexados o papel principal responsável pela inércia da inflação é ter uma visão excessivamente institucional da questão. Se aprovada uma legislação que proibisse a indexação dos contratos à ORTN, os agentes seriam forçados a recorrer a mecanismos informais e onerosos (do ponto de vista transacional) de indexação. A indexação ao dólar (ou a qualquer moeda estável) seria o substituto mais provável.

Apesar da crescente importância da indexação pela ORTN, duas variáveis-chave na economia brasileira estão indexadas de forma diferente. A taxa de câmbio nominal é revisada qua-

INFLAÇÃO INERCIAL E REFORMA MONETÁRIA NO BRASIL

se semanalmente de acordo com um regime de *crawling peg*. Como a regra de depreciação cambial não desconta a inflação externa, a correção monetária da ORTN e a depreciação da taxa de câmbio coincidem a cada período mensal. À parte o ajuste mais frequente da taxa de câmbio, os contratos em ORTN têm a taxa de câmbio como referência. No entanto, não há conversibilidade. O regime cambial é um regime de câmbio real fixo. Não há restrições à compra e venda de moedas estrangeiras para o comércio externo. Não se pode, entretanto, trocar cruzeiros por dólares para investimentos financeiros. Existem cotas para propósitos específicos, como o turismo. A posse de ativos no exterior é ilegal, a menos que derivada de renda recebida do exterior. Uma longa história de controles de capital explica tanto o estoque relativamente pequeno de dólares na mão de residentes, como o fato de que os dólares nunca foram utilizados de forma disseminada como meio de troca.

A outra variável-chave são os salários. Dentro do sistema atual, a maioria dos contratos salariais é de seis meses. Eles são indexados pela variação do índice de preços ao consumidor. Desconsiderando as diferenças entre o índice de preços ao consumidor e o índice geral de preços, devido ao maior intervalo entre os reajustes, os efeitos de uma aceleração na inflação se refletem de forma mais intensa nos salários do que nos contratos indexados pela ORTN.

A reforma monetária: Premissas e mecanismos

O reconhecimento das inadequações das cinco interpretações e propostas brevemente resumidas na seção anterior levou a maioria dos analistas brasileiros a uma posição de imobilismo diante da inflação. Porém o entendimento da natureza inercial

241

da inflação e dos efeitos da indexação abre caminho para sair do impasse. A síntese da proposta aqui descrita é a redução da memória do sistema e a emissão de uma moeda indexada. Ela se baseia nas seguintes premissas:

I. Os fatores primários de pressão de demanda, a saber, o déficit operacional do setor público e a expansão monetária, estão sob controle. Não se pode dizer que a economia brasileira está sob pressão excessiva de demanda.

II. Não há pressão inflacionária provocada por um choque de oferta. Os principais ajustes nos preços relativos — a desvalorização real do câmbio e a eliminação dos subsídios aos bens de consumo básicos e aos serviços públicos — foram implementados. Defender uma maior desvalorização da taxa de câmbio, em antecipação de dificuldades na conta capital, parece prematuro. Aumentos salariais acima das taxas oficiais, por exigência dos sindicatos, podem vir a ocorrer no futuro, mas no momento não representam uma ameaça. Também não há pressão dos preços agrícolas. Neste ano eles estão subindo menos do que os preços industriais. Além disso, o impressionante sucesso na balança comercial deste ano garantiu as reservas mínimas em moedas conversíveis necessárias para evitar gargalos nas importações.

III. A inflação no Brasil é, portanto, sobretudo inercial. O melhor indicador da inflação futura é a inflação passada. Contratos indexados mantêm viva a memória da inflação passada.

A atratividade da reforma monetária não depende da validade absoluta dessas premissas. É sempre possível argumentar que o déficit operacional do setor público não foi eliminado

INFLAÇÃO INERCIAL E REFORMA MONETÁRIA NO BRASIL

por completo, mas apenas encoberto por truques contábeis e manipulações estatísticas. Também é possível sustentar que a política monetária não foi suficientemente restritiva; ou que a restrição externa não pode ser dada como resolvida sem uma renegociação definitiva da dívida externa. O importante, no entanto, é a aceitação da natureza *predominantemente* inercial da inflação corrente. Ou seja, um grande componente da inflação atual é a inflação passada. Caso as premissas I-III tenham validade absoluta, a reforma monetária é condição suficiente para a estabilidade de preço. Mas ainda que não tenham, se a inflação não for apenas inercial, a reforma monetária continua a ser condição necessária para estabilizar os preços. A reforma monetária não pretende substituir políticas que atacam os fundamentos dos processos inflacionários. Não faz sentido implementar uma reforma monetária para interromper uma inflação derivada de déficits fiscais ou choques de oferta. A reforma monetária lida com o componente inercial da inflação — nem mais, nem menos. A nosso ver, a recusa em aceitar que a inflação brasileira seja predominantemente inercial, em razão da generalização dos contratos indexados, não é defensável. A reforma monetária, portanto, mantém sua validade mesmo que as premissas I-III não se provem totalmente verdadeiras.

A proposta de reforma monetária consiste nos seguintes pontos:

I.   Introdução da moeda indexada. Numa data pré-anunciada, o cruzeiro novo (CN) entrará em circulação. O CN teria uma paridade fixa de um para um com a ORTN. A apreciação da ORTN por sua vez continuaria sendo definida pela variação no índice geral de preço. O valor da ORTN em cruzeiros seria revisado assim que a informação sobre a

243

taxa de mudança no índice geral de preço ficasse disponível (aproximadamente dez dias). A taxa de câmbio entre o CN e o cruzeiro seria revisada diariamente de acordo com a interpolação geométrica dos valores de ORTN disponíveis. Designaremos o período no qual as duas moedas coexistem como o período de transição.

II. Durante o período de transição, a taxa de câmbio em cruzeiros seguiria o sistema de minidesvalorizações (*crawling peg*). A taxa de câmbio em CN seria constante e igual à taxa de câmbio real que prevalecesse antes da reforma monetária. Os controles de capital não seriam suspensos.

III. A partir do dia em que o CN for introduzido, seria permitida a conversão de cruzeiros por CN ou vice-versa à taxa corrente. A conversão seria feita em bancos comerciais ou outros lugares pré-anunciados. A possibilidade da conversão livre de cruzeiros em CN é crucial para evitar um aumento da velocidade de circulação de cruzeiros. Se a introdução do CN provocar a rejeição do cruzeiro, a aceleração da inflação medida em cruzeiros se torna inevitável. Na reforma monetária, o Banco Central acomodaria a demanda por CN à taxa diária prevalecente entre o cruzeiro e o CN.

IV. Depósitos à vista no sistema bancário seriam imediatamente convertidos em CN e, portanto, protegidos da depreciação dos cruzeiros.

V. Todas as transações executadas pelo Banco Central nos mercados financeiros seriam cotadas em CN. O Banco Central definiria a taxa básica de overnight aplicada ao financiamento diário de títulos públicos. Depósitos a prazo, cadernetas de poupança, empréstimos e todas as outras transações financeiras passariam a ser feitas em CN.

INFLAÇÃO INERCIAL E REFORMA MONETÁRIA NO BRASIL

VI. Todos os contratos em ORTN seriam imediatamente transformados em contratos em CN. Os contratos nominais existentes seriam mantidos. Como o Banco Central anunciaria a cotação diária do CN, o cálculo de sua magnitude para propósitos de liquidação financeira do contrato não apresentaria dificuldade.

VII. Os preços administrados estabelecidos pelo governo seriam imediatamente cotados em CN. A conversão seria feita pelo preço real médio em cruzeiros que tivesse prevalecido durante o último período de indexação.

VIII. O cálculo da inflação em cruzeiros continuaria após a emissão de CN. A inflação em CN durante o período de transição no qual cruzeiros e CN coexistiriam é, *por definição*, nula. A superioridade do CN em termos das três funções tradicionais da moeda — reserva de valor, unidade de conta e unidade de transação — seria suficientemente óbvia para induzir uma rápida mudança das cotações de todos os preços para o CN. Conforme aumentasse a quantidade de preços cotados em CN, a própria noção do índice geral de preços em cruzeiro perderia significado. Após o período de transição, desaparece a necessidade de calcular o índice de preços em cruzeiros. A partir daí, o Banco Central simplesmente fixaria a taxa de depreciação do cruzeiro em relação ao CN com base na taxa média de inflação observada no passado recente. Se a média for 10% ao mês, o cruzeiro depreciaria 10% em relação ao CN todo mês ad infinitum (ou até o cruzeiro desaparecer). Isso manteria o incentivo da substituição de cruzeiros por CN. O valor real do estoque residual de cruzeiros se aproximaria rapidamente de zero.

IX. Os contratos de indexação salarial, segundo os quais os salários nominais são corrigidos a cada seis meses com base na inflação do período, não seriam proibidos. Seria possível, no entanto, optar pela conversão para contratos denominados em cn de acordo com uma fórmula definida. A fórmula de conversão calcularia o salário real médio em cruzeiro ao longo dos últimos seis meses e o transformaria em cn. Caso a conversão em cn fosse feita pelo valor real de pico, teria provocado um choque distributivo cujos efeitos são bem descritos pelas teorias estruturalistas da inflação. Os salários em cn seriam pagos mensalmente.

x. A mesma regra de conversão se aplicaria aos aluguéis e a todos os outros contratos indexados. Desconsiderados os riscos associados à volatilidade da inflação e as possíveis inequidades nos valores presentes redescontados devido à estimativa da taxa de juros, a fórmula de conversão não deveria provocar ganhos ou perdas na transição para contratos mensais em cn. No entanto, aqueles que desejassem manter seus contratos em cruzeiro poderiam fazê-lo. Para incentivar a mudança para contratos em cn, o Banco Central poderia definir a taxa de depreciação dos cruzeiros antigos ligeiramente acima da média da taxa de inflação passada.

Os pontos i-x acima resumem os aspectos mais relevantes da implementação da proposta de reforma monetária. Deixando de lado a mecânica da reforma, concentramo-nos a seguir em alguns dos seus aspectos macroeconômicos.

A moeda indexada

Durante o período de transição, cns e cruzeiros circulariam lado a lado. O cn exibiria uma paridade fixa em relação à

ORTN e ao dólar. A circulação paralela da moeda nova lhe daria credibilidade. Os agentes poderiam observar a apreciação diária do CN com relação ao cruzeiro e o nível de preço em CNs seria, ao menos durante a transição, estável.

A nova moeda seria um ativo em alta demanda. Como o CN seria protegido contra a inflação, deve-se esperar uma redução rápida e acentuada em sua velocidade de circulação. Após o período de transição, a razão entre a renda nominal e o novo estoque da base monetária seria significativamente inferior à razão entre a renda nominal e a base monetária em cruzeiros que prevalecia antes da reforma monetária. Na verdade, haveria um tal crescimento da demanda por moeda que o Banco Central não poderia restringir-se apenas à troca de moeda antiga pela nova. O custo de reter moeda em relação ao reter ativos financeiros de curto prazo, particularmente os substitutos próximos da moeda como as contas overnight que proliferaram com a aceleração da inflação, cairiam significativamente. Operações de mercado aberto, para recomprar dívida e expandir a liquidez, seriam necessárias para evitar uma crise de iliquidez nos mercados financeiros.

A regulamentação bancária precisaria sofrer alterações para compensar os bancos da perda da sua parte do imposto inflacionário. Os altos ganhos inflacionários sobre os depósitos à vista levaram os bancos a competir por depósitos com uma dispendiosa estrutura de agências e de serviços gratuitos. Ao mesmo tempo, o Banco Central impôs altos coeficientes de reservas compulsórias e tornou obrigatórios empréstimos a taxas subsidiadas para setores específicos. Essas imposições precisariam ser aliviadas de maneira significativa, até que os bancos se adaptassem às novas condições.

Além de eliminar a inflação inercial, a reforma monetária provocaria um extraordinário ganho de senhoriagem para o governo. Nas circunstâncias atuais, com a inflação a 230% ao ano, os ganhos de senhoriagem mais do que compensariam a perda do imposto inflacionário. Com o aumento da demanda por moeda, os gastos do governo podem ser financiados à taxa de juros zero. Novos aumentos nos impostos ou emissão de dívida poderiam, portanto, até certo ponto, ser evitados.

A economia pós-reforma monetária

A mudança para o CN é do interesse dos agentes econômicos. Incentivos à recontratação em CN existem por conta da aversão ao risco (comparados aos contratos em cruzeiro, os contratos em CN fornecem o mesmo salário médio real com uma menor volatilidade decorrentes de mudanças inesperadas na inflação). Como argumentamos anteriormente, esses incentivos podem ser reforçados definindo-se uma taxa de desvalorização diária, de cruzeiros em relação ao CN, ligeiramente superior ao patamar indicado pela inflação corrente. Do ponto de vista dos detentores de cruzeiros, é racional trocá-los por CN por causa do imposto inflacionário em cruzeiros. Considerando que a indexação pela ORTN já é bastante generalizada e continua a aumentar, a troca para o CN seria um desdobramento natural do atual estado das coisas na economia brasileira. Nossa impressão é que o período de transição não excederia dois meses.

Após a transição, tanto os contratos financeiros como a taxa de câmbio seriam denominados em CN. A economia depois da reforma monetária seria, portanto, uma economia não indexada. No entanto, a indexação poderia voltar caso a estabilidade de preços não pudesse ser mantida. O nível de preços em CN é por definição constante durante a transição. Seu comportamento em uma economia pós-reforma irá depender (ao menos

INFLAÇÃO INERCIAL E REFORMA MONETÁRIA NO BRASIL

em parte) do componente não inercial da inflação existente antes da reforma monetária. Embora a reforma monetária suprima inteiramente o componente inercial, o componente não inercial da inflação, determinado por fatores como déficits fiscais monetizados ou choques de oferta, ficaria inalterado. Se o componente não inercial for grande, a volta de um regime cambial de *crawling peg* e a reinstauração de cláusulas de indexação nos contratos será inevitável. Nesse caso, a definição do período médio de indexação se torna importante. Se o período de indexação médio após a reforma for aproximadamente igual ao da pré-reforma, a inflação voltará a ser aproximadamente a mesma que prevalecia antes da reforma.

A discussão acima deixa claro que a reforma monetária não é uma panaceia. Trata-se da melhor estratégia para lidar com o componente inercial da inflação, mas não se pode esperar que ela solucione o componente não inercial da inflação. Como a indexação é uma resposta natural a ambientes inflacionários, a reforma monetária só terá sucesso na eliminação da indexação se a inflação passada for predominantemente inercial. Na eventual ausência de qualquer componente de inércia na inflação, a reforma monetária seria inócua: a mesma taxa de inflação em cruzeiros reapareceria em CN.

Quatro questões referentes à economia pós-reforma monetária merecem ser analisadas: a da taxa de câmbio, a da taxa de juros, a dos salários e a da indexação da moeda. Para compreender os efeitos da reforma monetária sobre essas variáveis, precisamos apenas analisar se elas estão de alguma maneira associadas ao componente inercial da inflação.

Primeiro quanto à taxa de câmbio. A reforma monetária não altera o leque das alternativas disponíveis com relação ao regime cambial. Apesar dos conhecidos problemas associados à atrelação da taxa de câmbio ao dólar (em vez de uma cesta

249

de moedas), somos favoráveis ao atual regime de fixar a taxa de câmbio real. Se circunstâncias futuras exigirem uma desvalorização real da moeda, a taxa de câmbio entre CN e o dólar (ou a cesta de referência) poderá ser revisada para cima. Os mesmos argumentos, a favor ou contra, levantados em relação a outros regimes cambiais aplicam-se tanto à situação pré como à situação pós-reforma monetária. A defesa da reforma monetária é perfeitamente compatível com a adoção de um regime de câmbio flutuante, por exemplo.

Da mesma forma, não se deve esperar que a reforma monetária altere as taxas de juros reais. Diferentemente do regime cambial, não somos favoráveis à atual política de fixar a taxa de juros real bem acima dos níveis externos. O efeito mais provável da venda de títulos indexados com juros reais de 16% ao ano, ou até mais altos, não é deflacionário (como sustentam os que ingenuamente acreditam na relação um para um entre moeda e preços), mas recessivo (pois, quanto mais alta for a taxa de juros real, maiores serão as pressões sobre o desequilíbrio orçamentário em uma perspectiva intertemporal). Mas, de novo, é necessário deixar claro que a reforma monetária em si não tem influência sobre qual a melhor política para a taxa de juros.

Os salários reais não seriam alterados pela reforma monetária. Os trabalhadores seriam beneficiados na medida em que pagam a maior parte do imposto inflacionário, mas a reforma monetária não se propõe a substituir as políticas de renda ou qualquer conjunto de políticas cujo objetivo seja promover a igualdade e a justiça social.

Por fim, observe-se que a indexação como discutida aqui desaparece em uma economia pós-reforma monetária. Pois o CN está indexado ao nível de preço em cruzeiros e *não* ao nível de preço em CN. Pode-se argumentar que a indexação em CN deveria ser permitida para compensar os detentores de CN pelas perdas de poder aquisitivo sempre que a inflação em CN atingir um determinado nível crítico pré-anunciado, mas uma discussão sobre os prós e os contras da indexação da moeda pós-reforma não cabe aqui. Na reforma monetária, a moeda indexada só existe enquanto dura a curta transição em que as duas coexistem. Deixemos em aberto a discussão sobre se permitir a indexação em CN ao nível de preços em CN cria um sistema ideal do ponto de vista da estabilidade dos preços.

A âncora para o CN

A reforma monetária fracassará se o CN não estiver ancorado de forma que o seu valor real seja preservado ao longo do tempo. Para isso é necessário estabelecer regras que penalizem o governo por reinflacionar a economia. A tentação governamental de choques inflacionários não é segredo para os agentes privados. A menos que o governo tenha seus poderes discricionários sobre a oferta de CN limitados, os agentes anteciparão a possibilidade de inflação e é consequentemente possível que a inflação esteja de volta mesmo antes que o governo de fato expanda em excesso a oferta de moeda.

Uma regra que limitasse drasticamente a oferta de CN poderia servir de âncora. Embora tal regra viesse a ter efeitos positivos sobre as expectativas, seria certamente inapropriada do ponto de vista da manutenção da estabilidade de preços. Como não é possível saber precisamente qual o aumento da demanda por moeda induzido pela reforma monetária, uma regra suficientemente rígida para quebrar as expectativas inflacionárias pode facilmente levar à deflação. Há casos observados na história em que a aplicação dessa regra, após uma reforma monetária, levou efetivamente à deflação. Se houver grande aumento da demanda por moeda (que acreditamos deverá ocorrer), o governo se veria obrigado a violar a regra autoimposta para o crescimento da moeda ou aceitar uma grave recessão com sequelas deflacionárias.

Uma âncora alternativa seria a taxa de câmbio. O governo suspenderia os controles de capital e estaria pronto para comprar ou vender dólares a uma determinada taxa de câmbio. Do ponto de vista teórico, fixar a taxa de câmbio é melhor do que limitar o crescimento da quantidade de moeda. Em diversos casos na história, alguns dos fatores fundamentais para o sucesso das reformas monetárias foram a entrada de capitais estrangeiros e o subsequente aumento das reservas internacionais, que permitiram ao país demonstrar sua capacidade de manter fixa a taxa de câmbio.

O fato de que o Brasil tenha a maior dívida externa no mundo, no entanto, sugere uma âncora mais apropriada: a taxa de juros externa. Essa âncora wickselliana seria viabilizada pela Resolução 432 do Comitê Monetário Nacional.

A Resolução 432 permite que empresas privadas endividadas em dólar façam um pré-pagamento de sua dívida para o Banco Central. O pré-pagamento é em cruzeiros na taxa de câmbio corrente. No programa de âncora proposto, também seria permitido às empresas, sacar depósitos da 432 (também em cruzeiros). Com a liberação de saques e depósitos na 432, haverá uma arbitragem instantânea entre os custos esperados dos empréstimos em dólar (isto é, a taxa de juros externa, mais os spreads cobrados para o país, mais a expectativa de desvalorização cambial) e dos empréstimos em cruzeiro (isto é, a taxa de juros doméstica). O valor dos depósitos na 432 já é superior à base monetária.

A âncora do CN seria dada por um teto legal sobre um novo agregado monetário definido pela *soma* da base monetária mais os depósitos na 432. Um aumento na demanda por moeda levaria a uma elevação da taxa de juros doméstica; por motivos de arbitragem, as empresas sacariam de seus depósitos na 432, o que provocaria um crescimento da base monetária, mas uma redução do estoque de depósitos na 432. A acomodação do crescimento da demanda por moeda seria feito sem desrespeitar a regra monetária estabelecida. Considere-se o caso em que o governo financie seus gastos com emissão de moeda. O aumento da base monetária reduz a taxa de juros doméstica. Por arbitragem, as empresas aumentam seus depósitos na 432 e tomam empréstimos nos mercados de crédito domésticos, contraindo a base monetária. Do ponto de vista da política monetária, o importante é o efeito líquido. A âncora wickselliana fornece espaço suficiente para a acomodação do aumento da demanda por moeda, sem permitir a monetização dos déficits fiscais.

Uma taxonomia tripla de inflação

Os casos de hiperinflação demonstram como se dá a erosão das funções da moeda quando a inflação acelera. Primeiro, a propriedade de reserva de valor é perdida. À medida que a inflação se aproxima dos três dígitos, a propriedade de unidade de conta é gradualmente perdida. A maior parte dos investimentos financeiros e das grandes transações já é cotada, de forma explícita ou implícita, em ORTNs no Brasil. Nos estágios seguintes, quando se chega à hiperinflação, a moeda perde também a sua propriedade de meio de troca. O Brasil ainda não atingiu esse estágio. Moedas estrangeiras são substitutos naturais para a moeda doméstica contaminada pela doença da inflação. A escassez física de moeda estrangeira costuma ser o fator limitante desse processo de substituição. Nos estágios finais da hiperinflação, moedas privadas, lastreadas em moedas estrangeiras ou em ativos reais, são criadas e ganham cada vez mais aceitação como meio de troca.

O aspecto mais surpreendente do final da hiperinflação é a forma repentina como os preços se estabilizam. Esse fim abrupto de todas as hiperinflações tem sido interpretado como evidência de que basta uma mudança com credibilidade no regime de política econômica para que a inflação seja imediatamente estabilizada. Essa tese desconsidera a inflexibilidade para baixo dos processos inflacionários crônicos, para a qual as teorias da inflação inercial chamam a atenção.

A contradição entre a rigidez para baixo das inflações crônicas e o súbito fim das hiperinflações é, no entanto, apenas aparente. Uma taxonomia tripla dos processos inflacionários é útil para esclarecer por quê. A inflação baixa, de um dígito, é essencialmente distinta dos processos crônicos de inflação de dois ou três dígitos. Essa, por sua vez, deve ser entendida como distinta da hiperinflação aberta. Em processos de inflação baixa, de um dígito, os mecanismos de indexação ainda não foram desenvolvidos. Quando esses processos inflacionários se tornam crônicos, cláusulas de indexação defasadas, baseadas na inflação passada, se difundem. Em hiperinflações abertas, o encurtamento do período de indexação aproxima a economia do paradigma da indexação instantânea. A inércia causada pelos contratos de reajustes longos faz com que seus valores reais passem por picos e vales e a inconsistência dos preços relativos a qualquer momento específico do tempo sejam eliminados nos estágios posteriores, quando o processo se aproxima da hiperinflação. Nesse momento, a memória do sistema já se encurtou a tal ponto que a inflação passada se torna irrelevante e a inércia desaparece. A natureza das hiperinflações faz com que uma interrupção abrupta do processo de alta dos preços possa efetivamente ocorrer com uma mudança de política econômica que tenha credibilidade. Porém, quando a inflação ainda está em dois ou três dígitos, em suas fases crônicas, inerciais, a mera credibilidade não é condição suficiente para a estabilização.

Conclusões

A mudança para moeda indexada equivale a uma indexação instantânea da economia. A inflação medida na moeda antiga perde seu significado. Os problemas causados pela indexação com base na inflação passada e pela inércia da inflação ficam portanto resolvidos. Falsos problemas, como o déficit nominal do setor público, desaparecem. Medidos na nova moeda, os déficits real e nominal coincidem. Se o déficit real é próximo de zero, o nominal também será praticamente nulo. O falso problema da rolagem da dívida pública nominal também desaparece. Medida em ORTNs, a taxa de crescimento da dívida pública nos últimos anos já é moderada e agravada essencialmente pela tentativa de controlar a oferta monetária. O aumento da demanda por CNs não só abrirá espaço para o financiamento público como poderá até mesmo exigir a redução do valor real do estoque de dívida pública nas mãos do setor privado. A confusão elementar entre o valor real e o valor nominal de fluxos e estoques de moeda e dívida, que infelizmente ainda inspira diagnósticos e terapias equivocados, enfim desapareceria.

As vantagens da reforma monetária com a criação de uma moeda indexada, como aqui sugerida, são claras. Em oposição tanto ao choque monetarista como à postura gradualista atualmente adotada, a reforma monetária permitiria uma expansão da liquidez sem a qual as taxas de juros não têm como voltar ao nível das taxas internacionais. A queda das taxas de juros é pré-condição para a recuperação do investimento privado. Devido aos extraordinários ganhos de senhoriagem, a carga tributária imposta ao setor privado, na vã tentativa de controlar o déficit público nominal, poderá ser abrandada. A experiência histórica demonstra que, com o fim das hiperinflações, há recuperação da atividade econômica e do emprego. A estabilização, no caso das hiperinflações, ocorre sem o ônus da recessão provocada pela implementação de políticas monetárias ortodoxas e de políticas fiscais austeras em economias indexadas.

Com relação ao choque heterodoxo, com congelamento de preços e salários, a reforma monetária aqui proposta tem a vantagem de não ser compulsória, de não depender de controles administrativos e de preservar o funcionamento dos mercados. Resume-se à introdução de uma moeda superior à moeda antiga, cuja credibilidade foi desgastada pela inflação. A fuga da moeda sem credibilidade, que explica a redução do estoque real de moeda, de 15% do PNB há dez anos, para menos de 3% do PNB hoje, é assim interrompida.

A desindexação por meio da indexação da moeda não apenas restabelece a eficácia das políticas de demanda no controle dos preços, como é também condição necessária para a viabilidade dessas políticas. Dado que a inflação brasileira é predominantemente inercial, credibilidade do governo, disciplina fiscal e monetária, transparência do orçamento público e autoridades monetárias livres de pressões políticas são complementares, não substitutos da reforma monetária aqui proposta.

Concluímos alertando contra a posição imobilista que hoje predomina nos debates sobre políticas públicas no Brasil. A

INFLAÇÃO INERCIAL E REFORMA MONETÁRIA NO BRASIL

inflação está aparentemente estável em 230% ao ano. Mas os processos de inflação inercial são muito sensíveis aos choques negativos de oferta adversos, ao passo que muito pouco sensíveis à administração da demanda. Como não se pode desconsiderar a eventualidade de choques adversos de oferta, a inflação brasileira, caso persista a postura imobilista, irá fatalmente chegar à hiperinflação. Para passar de 20% a 200% ao ano, a inflação brasileira levou uma década, mas em apenas mais alguns anos pode-se chegar à fase de hiperinflação aberta. Sem desconsiderar a importância do controle do déficit público, fica claro que aqueles que hoje, com a inflação a 200% ao ano, veem com desconfiança a proposta de reforma monetária serão forçados a apoiá-la quando a inflação atingir 2000% ao ano.

NOTAS

INTRODUÇÃO: QUARENTA ANOS COMO ECONOMISTA [pp. 7-30]

1. Ver Rudiger Dornbusch e Mário Henrique Simonsen (Orgs.), *Inflation, Debt and Indexation*. Cambridge, MA: MIT Press, 1984.

1. A MOEDA, AS IDEIAS E A POLÍTICA [pp. 33-57]

1. Roy Naismith, *Money and Power in Anglo-Saxon England*. Cambridge: Cambridge University Press, 2012.
2. Chris Wickham, *Framing the Early Middle Ages: Europe and the Mediterranean*. Oxford: Oxford University Press, 2005.
3. Richard fitz Nigel, "Dialogus de Scaccario". Citado em Christine Desan, *Making Money: Coin, Currency, and the Coming of Capitalism* (Oxford: Oxford University Press, 2014).
4. Christine Desan, op. cit.
5. Desan cita Charles Davenant, *Discourses on the Publick Revennues and Trade* (1698).
6. Christine Desan, op. cit., pp. 171-90.
7. Desan escreve que "O título que pagava juros se tornou um veículo garan-

259

CONSENSO E CONTRASSENSO

tidor de liquidez por si só, com o soberano endossando seu caráter transferível a fim de tomar empréstimos a taxas menores". A argumentação de Downing está em *A State of the Case, between Furnishing His Majesty with Money by Way of Loan* (1666), citada em Christine Desan, op. cit.

8. *The Case of Mixed Money* (1605), em Thomas Baily Howell, *A Complete Collection of State Trials and Proceedings for High Treason and Other Crimes and Misdemeanors from the Earliest Period to the Year 1783*. Londres: R. Bagshaw, 1809, v. 2.

9. Christine Desan, op. cit., pp. 335-6.

10. Sir Edward Forde, *Experimental Proposals How the King May Have Money to Pay and Maintain His Fleet with Ease to His People*, B1-3.

11. John Locke, "Further Considerations Concerning Raising the Value of Money", em Patrick H. Kelly (Org.), *Locke on Money*. Oxford: Claridon Press, 1991.

12. Carmen Reinhart e Kenneth Rogoff, *This Time Is Different: Eight Centuries of Financial Follies*. Princeton, NJ: Princeton University Press, 2009.

13. Alberto Alesina, "Fiscal Adjustments and the Recession", *Vox*, 12 nov. 2010. Disponível em: <http://voxeu.org/article/fiscal-adjustments-and-the-recession>. Acesso em: 4 dez. 2019.

14. Olivier Blanchard e Daniel Leigh, "Growth Forecast Errors and Fiscal Multipliers — IMF Working Papers", n. 13/1, jan. 2013.

2. CONSENSO E CONTRASSENSO: DÉFICIT, DÍVIDA E PREVIDÊNCIA [pp. 59-91]

1. Robert Barro, "Are Government Bonds Net Wealth?", *Journal of Political Economy*, n. 81, v. 6, 1974.

2. Thomas J. Sargent e Neil Wallace, "Rational Expectations, the Optimal Monetary Instrument, and the Optimal Money Supply Rule", *Journal of Political Economy*, v. 83, n. 2, 1975; Thomas J. Sargent; Neil Wallace, "Some Unpleasant Monetarist Arithmetics", *Quarterly Review, Federal Reserve Bank of Minneapolis*, v. 5, n. 3, 1981.

3. Edmund Phelps, "The Golden Rule of Accumulation: A Fable for Growthmen", *American Economic Review*, v. 51, n. 4, 1961.

4. Philippe Weyl, "Overlapping Generations: The First Jubilee", *Journal of Economic Perspective*, v. 22, n. 4, 2008.

NOTAS

5. Persio Arida, Edmar Bacha e André Lara Resende, "Credit, Interest and Jurisdictional Uncertainty: Conjectures on the Case of Brazil", em Francesco Giavazzi, Ilan Goldfajn e Santiago Herrera (Orgs.), *Inflation Targeting, Debt and the Brazilian Experience — 1999 to 2003*. Cambridge, MA: The MIT Press, 2005.
6. Olivier Blanchard, "Fiscal Dominance and Inflation Targeting: Lessons from Brazil", em Francesco Giavazzi, Ilan Goldfajn e Santiago Herrera (Orgs.), op. cit.

4. RAZÃO E SUPERSTIÇÃO [pp. 107-20]

1. Ver Charles E. Goodhart, "Two Concepts of Money: Implications for the Analysis of Optimal Currency Areas" (*European Journal of Political Economy*, n. 14, 1998); e Pavlina R. Tcherneva, "Money, Power and Monetary Regimes" (Levy Economic Institute of Board College, Working Paper, n. 861, 2016).
2. David Graeber, *Debt: The First 5000 Years*. Londres: Melville House, 2011.
3. Claudio Borio, "On Money, Debt, Trust and Central Banking", BIS Working Papers, n. 763, 2019.

6. O BRASIL E O CONSERVADORISMO VITORIANO [pp. 127-36]

1. Olivier Blanchard e Daniel Leigh, "Growth Forecast Errors and Fiscal Multipliers", IMF Working Papers, n. 13/1, jan. 2013.

7. O EQUÍVOCO DOS JUROS ALTOS [pp. 137-56]

1. Tradução de Mário R. da Cruz (São Paulo: Nova Cultural, 1996).
2. Ver O. Blanchard, E. Cerruti e L. Summers, "Inflation and Activity — Two Explorations and Their Monetary Policy Implication". IMF Working Papers, n. 15/230, 2015.
3. Ver André Lara Resende, *Juros, moeda e ortodoxia* (São Paulo: Portfolio-Penguin, 2017).

CONSENSO E CONTRASSENSO

11. CORRUPÇÃO E CAPITAL CÍVICO [pp. 179-88]

1. Edward Banfield, *The Moral Basis of a Backward Society*. Glencoe: The Free Press, 1958.
2. L. Guiso, P. Sapienza e L. Zingales, "Civic Capital as the Missing Link". NBER Working Paper, n. 15845, mar. 2010. Citado em Luigi Zingales, *A Capitalism for the People: Recapturing the Lost Genius of American Prosperity* (Nova York: Basic, 2012).

A. A MOEDA INDEXADA: UMA PROPOSTA PARA ELIMINAR A INFLAÇÃO INERCIAL [pp. 197-209]

1. W. A. Lewis, *Economic Survey 1919-1939*. Londres: Unwin University Books, 1970.
2. Sobre a experiência alemã, ver F. D. Graham, *Exchange, Prices and Production in Hyperinflation Germany 1920-23* (Nova York: Russel and Russel, 1930).

B. A MOEDA INDEXADA: NEM MÁGICA, NEM PANACEIA [pp. 211-26]

1. Albert O. Hirschman, "The Social and Political Matrix of Inflation", em *Essays in Treapassing*. Cambridge: Cambridge University Press, 1981.
2. Ibid.
3. Dois artigos de W. A. Bomberger e G. E. Makinen tratam da experiência inflacionária húngara de 1945 e 1946: "Indexation, Inflationary Finance, and Hyperinflation: The 1945-46 Hungarian Experience" (*Journal of Political Economy*, v. 88, n. 3, 1980); e "The Hungarian Hyperinflation and Stabilization of 1945-46" (*Journal of Political Economy*, v. 91, n. 51, 1983).

REFERÊNCIAS BIBLIOGRÁFICAS

ALESINA, Alberto. "Fiscal Adjustments and the Recession". *Vox*, 12 nov. 2010. Disponível em: <http://voxeu.org/article/fiscal-adjustments-and--recession>. Acesso em: 4 dez. 2019.

ARIDA, P.; BACHA, E.; LARA RESENDE, A. "Credit, Interest and Jurisdictional Uncertainty: Conjectures on the Case of Brazil". In: GIAVAZZI, F.; GOLD-FAJN, I.; HERRERA, S. (Orgs.). *Inflation Targeting, Debt and the Brazilian Experience — 1999 to 2003*. Cambridge, MA: The MIT Press, 2005.

BANFIELD, Edward. *The Moral Basis of a Backward Society*. Glencoe: The Free Press, 1958.

BARRO, R. "Are Government Bonds Net Wealth?". *Journal of Political Economy*, n. 81, v. 6, 1974.

BLANCHARD, O. "Fiscal Dominance and Inflation Targeting: Lessons from Brazil". In: GIAVAZZI, F.; GOLDFAJN, I.; HERRERA, S. (Orgs.). *Inflation Targeting, Debt and the Brazilian Experience — 1999 to 2003*. Cambridge, MA: The MIT Press, 2005.

_____; LEIGH, Daniel. "Growth Forecast Errors and Fiscal Multipliers", IMF Working Papers, n. 13/1, jan. 2013.

_____; CERRUTI, E.; SUMMERS, L. "Inflation and Activity — Two Explorations and Their Monetary Policy Implication". IMF Working Papers, n. 15/230, 2015.

BLANCHARD, O. "Public Debt and Low Interest Rates". Discurso presidencial, American Economic Association, 2019.

BOMBERGER, W. A.; MAKINEN, G. E. "Indexation, Inflationary Finance, and Hyperinflation: The 1945-46 Hungarian Experience". *Journal of Political Economy*, v. 88, n. 3, 1980.

BOMBERGER, W. A.; MAKINEN, G. E. "The Hungarian Hyperinflation and Stabilization of 1945-46". *Journal of Political Economy*, v. 91, n. 51, 1983.

BORIO, C. "On Money, Debt, Trust and Central Banking". BIS Working Papers, n. 763, 2019.

CALVO, G. "Capital Flows and Capital-Markets Crisis: The Simple Economics of Sudden Stops". *Journal of Applied Economics*, n. 1, 1998.

COCHRANE, J. H. "Michelson-Morley, Occam and Fisher: The Radical Implications of Stable Inflation at Near-Zero Interest Rates". Hoover Institute, Stanford University, 2016.

_____; DISYATAT, P.; RUNGCHAROENKITKUL, P. "What Anchors for the Natural Rate of Interest?". BIS Working Papers, n. 777, 2018.

DESAN, Christine. *Making Money: Coin, Currency, and the Coming of Capitalism*. Oxford: Oxford University Press, 2014.

DIAMOND, P. "National Debt in a Neoclassical Growth Model". *American Economic Review*, n. 55, v. 5, 1965.

DORNBUSCH, Rudiger; SIMONSEN, Mário Henrique (Orgs.). *Inflation, Debt and Indexation*. Cambridge, MA: MIT Press, 1984.

FERGUSON, N. *The Ascent of Money: A Financial History of the World*. Nova York: Penguin, 2011.

FEYNMAN, R. "The Value of Science". *Engineering and Science*, v. 9, 1955.

FORDE, Edward, Sir. *Experimental Proposals How the King May Have Money to Pay and Maintain His Fleet with Ease to His People*, B1-3.

GOODHART, Charles E. "Two Concepts of Money: Implications for the Analysis of Optimal Currency Areas". *European Journal of Political Economy*, n. 14, 1998.

GRAEBER, D. *Debt: The First 5000 Years*. Londres: Melville House Publishing, 2011.

GRAHAM, F. D. *Exchange, Prices and Production in Hyperinflation Germany 1920-23*. Nova York: Russel and Russel, 1930.

GUISO, L.; SAPIENZA, P.; ZINGALES, L. "Civic Capital as the Missing Link". NBER Working Papers, n. 15845, mar. 2010. Apud: ZINGALES, L., *A Capitalism for the People: Recapturing the Lost Genius of American Prosperity*. Nova York: Basic, 2012.

REFERÊNCIAS BIBLIOGRÁFICAS

HIRSCHMAN, Albert O. "The Social and Political Matrix of Inflation". In: _____. *Essays in Trespassing*. Cambridge: Cambridge University Press, 1981.

HOWELL, Thomas Baily. *A Complete Collection of State Trials and Proceedings for High Treason and Other Crimes and Misdemeanors from the Earliest Period to the Year 1783*. Londres: R. Bagshaw, 1809. v. 2.

KEYNES, John M. *Teoria geral do emprego, do juro e da moeda*. São Paulo: Saraiva, 2014.

KNAPP, G. F. *The State Theory of Money*. Londres: Macmillan & Co., 1924.

LARA RESENDE, A. *Juros, moeda e ortodoxia*. São Paulo: Portfolio-Penguin, 2017.

LEEPER, E. M. "Equilibria Under Active and Passive and Fiscal Policies". *Journal of Monetary Economics*, n. 27, 1991.

LERNER, A. "Functional Finance and the Federal Debt". *Social Research*, v. 10, n. 1, 1943.

LEWIS, W. A. *Economic Survey 1919-1939*. Londres: Unwin University Books, 1970.

LOCKE, John. "Further Considerations Concerning Raising the Value of Money". In: KELLY, Patrick H. (Org.). *Locke on Money*. Oxford: Claridon Press, 1991.

LOPES, Francisco L. *Inflação inercial, hiperinflação e desinflação: Notas e conjecturas*. Departamento de Economia da Pontifícia Universidade Católica do Rio de Janeiro. TD, n. 77, out. 1984.

MOSLER, W. *The Seven Deadly Innocent Frauds of Economic Policy*. St. Croix: Valance Co., 2010.

NAISMITH, Roy. *Money and Power in Anglo-Saxon England*. Cambridge: Cambridge University Press, 2012.

PHELPS, E. "The Golden Rule of Accumulation: A Fable for Growthmen". *American Economic Review*, v. 51, n. 4, 1961.

REINHART, Carmen; ROGOFF, Kenneth. *This Time is Different: Eight Centuries of Financial Follies*. Princeton, NJ: Princeton University Press, 2009.

ROMANNCHUK, B. *Understanding Government Finance*. [s. l.]: BondEconomics, 2016.

SAMUELSON, P. "An Exact Consumption-Loan Model of Interest With and Without the Social Contrivance". *Journal of Political Economy*, n. 66, 1958.

SARGENT, T. J.; WALLACE, N. "Rational Expectations, the Optimal Monetary Instrument, and the Optimal Money Supply Rule". *Journal of Political Economy*, v. 83, n. 2, 1975.

SARGENT, T. J.; WALLACE, N. "Some Unpleasant Monetarist Arithmetics". *Quarterly Review, Federal Reserve Bank of Minneapolis*, v. 5, n. 3, 1981.

SCHUMPETER, J. A. *History of Economic Analysis*. Londres: Allen & Unwin, 1954.

SIMS, C. "A Simple Model for the Study of the Determination of the Price Level and the Interaction of Monetary and Fiscal Policy". *Economic Theory*, v. 4, 1994.

TCHERNEVA, Pavlina R. "Money, Power and Monetary Regimes". Levy Economic Institute of Board College, Working Paper, n. 861, 2016.

VICKREY, W. "Fifteen Fatal Fallacies of Financial Fundamentalism: A Disquisition on Demand-Side Economics". Columbia University, 1996.

WEYL, P. "Overlapping Generations: The First Jubilee". *Journal of Economic Perspective*, v. 22, n. 4, 2008.

WICKHAM, Chris. *Framing the Early Middle Ages: Europe and the Mediterranean*. Oxford: Oxford University Press, 2005.

WOODFORD, M. "Public Debt as Private Liquidity". *American Economic Review*, n. 80, v. 2, 1990.

_____. *Interest and Prices: Foundations of a Theory of Monetary Policy*. Princeton, NJ: Princeton University Press, 2003.

WRAY, C. L. R. *Modern Money Theory: A Primer on Macroeconomics for Sovereign Monetary Systems*. Londres: Palgrave-MacMillan, 2015.

TIPOLOGIA Miller e Akzidenz
DIAGRAMAÇÃO Osmane Garcia Filho
PAPEL Pólen Soft, Suzano S.A.
IMPRESSÃO Lis Gráfica, janeiro de 2020

A marca FSC® é a garantia de que a madeira utilizada na fabricação do papel deste livro provém de florestas que foram gerenciadas de maneira ambientalmente correta, socialmente justa e economicamente viável, além de outras fontes de origem controlada.